六點
評論
VI HORAE

内圣外王

—— 法治的人文道路

胡水君 著

华东师范大学出版社

华东师范大学出版社六点分社　　策划

关注中国问题
重铸中国故事

缘　起

　　在思想史上,"犹太人"一直作为一个"问题"横贯在我们的面前,成为人们众多问题的思考线索。在当下三千年未有之大变局中,最突显的是"中国人"也已成为一个"问题",摆在世界面前,成为众说纷纭的对象。随着中国的崛起强盛,这个问题将日趋突出、尖锐。无论你是什么立场,这是未来几代人必须承受且重负的。究其因,简言之:中国人站起来了!

　　百年来,中国人"落后挨打"的切肤经验,使我们许多人确信一个"普世神话":中国"东亚病夫"的身子骨只能从西方的"药铺"抓药,方可自信长大成人。于是,我们在技术进步中选择了"被奴役",我们在绝对的娱乐化中接受"民主",我们在大众的唾沫中享受"自由"。今日乃是技术图景之世界，我们所拥有的东西比任何一个时代要多，但我们丢失的东西也不会比任何一个时代少。我们站起来的身子结实了，但我们的头颅依旧无法昂起。

中国有个神话，叫《西游记》。说的是师徒四人，历尽劫波，赴西天"取经"之事。这个神话的"微言大义"：取经不易，一路上，妖魔鬼怪，层出不穷；取真经更难，征途中，真真假假，迷惑不绝。当下之中国实乃在"取经"之途，正所谓"敢问路在何方"？

取"经"自然为了念"经"，念经当然为了修成"正果"。问题是：我们渴望修成的"正果"是什么？我们需要什么"经"？从哪里"取经"？取什么"经"？念什么"经"？这自然攸关我们这个国家崛起之旅、我们这个民族复兴之路。

清理、辨析我们的思想食谱，在纷繁的思想光谱中，寻找中国人的"底色"，重铸中国的"故事"，关注中国的"问题"，这是我们所期待的，也是"六点评论"旨趣所在。

点　点

2011.8.10

自 序
Preface

引 言
Introduction

Contents 目录

自　序

这个时代，需要文化复兴。有朋友说，学者应倡导恢复繁体字。而在我看来，问题也许不在文字，而在文化。"道生一，一生二，二生三，三生万物"；"天命之谓性，率性之谓道"；"尽其心者，知其性也，知其性，则知天矣"……这些文字，孩童能识，无关繁简，只是，现在真正通晓字后的究竟道理，似乎越来越难了。

此种文化处境，不只发生在中国。事实上，"启蒙"以来浩浩荡荡的现代潮流，已将人们深深卷入经验和理性世界。其中，万物看上去日益"光明"，政治和社会也被建构得更加合乎经验和理性，但同时，一些因素却也愈易受到经验和理智的遮蔽，甚至武断堵塞，以致日用而不知，日见而不觉。诸如"道心"、"明德"、"大体"，长期是传统经论万变不离的核心，而从现代学术知识体系，已难觅其踪影。

　　在此古今知识变迁过程中，所谓"文化复兴"，并非由现代回到传统，或者，以传统文化抵制现代文化，而是旨在开启使传统道德认知与现代世俗体系圆融无碍的不二智慧。中国文化传统中的"内圣外王"，很大程度上蕴涵有此类智慧。本书尝试沿着中国文化理路，依循人文视角，在"内圣外王"框架下，探寻中国政治和法律发展的方向。

　　扭转历史上"理"与"欲"的人为对立，平行开通人的经验认知、理性认知和道德认知，兼容人的生理本性和道德本性，于本书看来是可能的，也是必要的。本书认为，在按照经验规律和理性考量筑建民主法治的理性基础的同时，通过重启人的德性之知将这一现代体系涵容于道德系统，坚实民主法治的道德文化根蒂，这是中国民主法治可供选择的人文道路，也是适合"内圣外王"重新展开的现代形式。

　　本书出版得缘于倪为国先生，谨致谢忱！

胡水君

癸巳初春

引　言

法治(rule of law)，在现代社会通常被认为是最好的治国方式。然而，无论是在孔孟那里，还是在柏拉图和亚里士多德那里，从字面看，法治或法律之治(rule of laws/rule by law)其实都不是治国的第一选择。① 这些古代圣贤或哲人，尽管并不忽视法律的社会作用，有的最终还转向法治或法律之治，但他们无不将贤人政治或者由最具美德和智慧的人理政视为治国的最理想形式。而且，他们无不将法律置于

---

① 　在治国方式上，孔子的首选是"为政以德"的"德治"或"为国以礼"的"礼治"，参见《论语·为政》、《论语·先进》；孟子的首选是"以不忍人之心行不忍人之政"的"仁政"，参见《孟子·公孙丑上》；柏拉图的首选是人所熟知的"哲学王统治"，参见柏拉图：《理想国》，郭斌和、张竹明译，北京：商务印书馆，1986 年。虽然亚里士多德提到"法治应当优于一人之治"，但他还是认为，"完全按照成文法律统治的政体不会是最优良的政体……的确应该让最好的(才德最高的)人为立法施令的统治者"。见亚里士多德：《政治学》，第 163、167—168 页，吴寿彭译，北京：商务印书馆，1965 年。

"善"之下或者将"善"视为法律必不可少的基本因素，①明显表现出以道德主导法律和政治的倾向。即使古今不同语境中法治语词所指涉的意义可能存在差异，②就现代法治对贤人以及道德的一定排斥而言，古人的这些看法也未尝不可一体适用于所有以人定法为基础的法治或法律之治。在法治几乎成为一边倒的主流意识形态的现时代，这些古代看法似乎早已被作为陈旧的人治论或道德论而遭批判或舍弃。不过，透过那些亦曾影响人世政治和法律实践几千年的古训哲理，现代人至少还是可以反向地洞察现代法治的起点、道路、边界和处境。甚至可以说，在古今历史和文化观念对比中思考法治，构成了充分理解现代法治的一个必要条件。这样一种反向的思索，未必是要质疑乃至颠覆现代法治，毋宁说，它是深入探究现代法治之文化缘起、发育过程、历史特性、时空方位的重要途径，也有助于在"古今

---

① 作为儒家核心人物，孔孟始终以道德或善为基点来考量政治建制和社会安排。柏拉图和亚里士多德也都主张，法律应当促进共同体的善、提升全体公民的品德，参见 Brian Z. Tamanaha, *On the Rule of Law: History, Politics, Theory*, Cambridge：Cambridge University Press, 2004, p. 9。

② 有学者区分了"法治"与"法律之治"，认为"立法机关所立之法已被限制不能与'基本人权'（Fundamental Human Rights）抵触。基本人权，即现代法理学术语上之超立法信条……任何新意见亦须在超立法信条之内形成。逾此范围，即非'法治之法'（Laws of Rule of Law）。在此一术语内，法治即指超立法信条，'法律'即指立法机关所立各项法律。'法治'（Rule of Law）与'法律之治'（rule of laws）在现代已截然两事。中世纪绝对王权论者所主张的法律之治，乃指帝王能创造任何法律，以管理人民。中国亦有其人，商鞅、韩非、李斯是也，亦可包括管仲在内。"见周德伟：《西方的法治思想与中国的儒学》，载周德伟：《自由哲学与中国圣学》，第 79 页，北京：中国社会科学出版社，2004 年。

中外"的历史比较中为现代政治和法治的更好发展开拓新的方向。

对于中国来说，这样一种审视远不是多余的。相反，从近一个半世纪的现代历史进程看，它显得殊为必要。晚清以来的中国一直处在动荡和变革之中。西方入侵，不仅冲击了中国的主权独立和文化自主，也最终带动了在中国持续几千年的政制、法律、道德、学术传统的崩溃。君主政制在遭受革命后被瓦解，中华法制在经历变法后被更新，以仁义为核心的道德体系在文化运动的震荡下终致飘摇破败，以"四部之学"、"六艺之学"为主体的学术体系也在新学改革中为现代学科体系所取代。这一百多年，是中国不断呈现革故鼎新、新旧交替的历史变革时期，也是中国尝试着重构自身道统、政统、法统和学统的历史转型时期。其间，中国接连遭遇的内外战争、维新变法、政治革命、文化运动、社会动荡、经济浪潮等，一方面为中国的社会转型带来了前所未有的历史机遇，另一方面又因为长期变动而没有为中国的社会转型创造足够安适的历史条件，以致至今仍可以说，我们所生活的这个时代依然处在近一百多年的历史变革运动之中。这意味着，中国仍担负有其自近代以来尚未全部实现的历史使命。在全球背景下，这一使命至少包含内外两个方面，用中国的传统术语，可将它们表述为新的历史条件下的"内圣"和"外王"。就"外王"或外在主权方面而言，中国需要建立一套以现代方式运行的经济、政治、法律和社会体系，从"家天下"的君主专制国家发展成为兴民权、起民力的民主法治国家，从容易遭受入侵的内陆国家发展成为东南门户稳固的现代民族国家或海洋国家。就"内圣"或内在文化方面而言，中国需要在外来文化特别是西方文化大势涌入的文化"低谷"时期，充分吸纳融会古今中外的普遍因素，沿着自身文化理路开拓中国据以长远发展的政道法理，重建新民德、开民智的道德和知识体系，彰显中国文化的普适性和主体性。

按照中国传统政治理论，"外王"由"内圣"通出，受"内圣"的指导和制约，然而，近代以来，内在文化和外在主权这两个方面并不总是协调一致的。首先，寻求"新外王"的努力在很大程度上抑制了传统道德系统在现代社会的生发，甚至不惜以对传统道德系统的破坏和舍弃为代价。这既表现在，面临近代民族国家的争逐以及西潮来袭，中国为摆脱落后挨打的生存处境，从制度、器物、文化等多方面学习效仿西方，以"西学"批判和改造"中学"；也表现在，中国为寻求民族独立和国家富强，将更多的努力集中于物质和智性层面，其增强国家实力和促进经济效益的实用取向，弱化了精神和德性层面的坚守，以致在现代化进程中一再出现关于人文价值和道德精神的追问和争论。其次，在中西对比格局中，中国传统文化有时也成为应对西学挑战、抵制西方霸权的重要依托。一方面，为尽快屹立现代民族国家之林，中国传统文化被调动起来的往往不是道德资源，而更多的是霸道权术。这既表现为以"新法家的理论"来拯救近代中国的理论企图,①也表现为中国近代史上构建强有力专制国家的政治尝试。另一方面,出于对自身文化和社会发展道路的维护,中国传统文化也被用来批判和抵制西方话语,在诸如"政治儒学"、"中国模式"论中,西方文化及其民主法治时常被认为是中国需要避免的歧途。② 总体而言,无论是构建现代国家、发展民族经济的外在努力,还是对传统霸政的诉求和对西方文化的抵制,作为中国文化传统特质的道德人文精神在近代历史进程中都没有获得充分发展的机会。

　　中国文化的这样一种近代处境,并不足以表明其所蕴含的道德精神或人文主义已彻底衰萎。从历史层面看,道德人文精神历经漫长的历史发展已融为中国儒家、道家和佛家共同的基本特质和要素。从道理层面看,因为这样一种特质,中国文化传统主要表现为一种立足德性或道德理性的、可以跨越古今的普遍德性文化,它既以其独特性而有别于立足智性或认知理性的其他文化,也适足弥补其他文化的缺失。从现实层面看,西方文化在近 300 年间的发展过程中所呈现出的诸如"自由帝国主义"(liberal imperialism)、"做错事的权

---

　　① 有近代学者认为,"清末以来,中国又入于一个新的战国时代,需要新的法家,于是成为法家的复兴时代",法家"要用国家主义的霸道,力保国家","新法家的理论成功之日,便是中国得救之时"。参见陈启天:《中国法家概论》,第 10、13、120 等页,上海:中华书局,1936 年。

　　② 参见蒋庆:《政治儒学:当代儒学的转向、特质与发展》,北京:三联书店,2003 年;潘维主编:《中国模式:解读人民共和国的 60 年》,北京:中央编译出版社,2009 年。

利"(the right to do wrong)①等"现代性"问题，正使得中国文化中的道德人文精神在现代的传承和发展显出一定的必要性。总的说来，重启作为中国文化之根基的道德系统，并由此将"新外王"与"内圣"、外在社会形式与内在道德精神重新贯通起来，在仁义道德与"自然权利"(natural rights)、民主法治、市场经济、公民社会、社会科学之间建立新的连接或融合，既是一种时代需要，也构成中国在经历长期变动后重建其涵容中外、承接古今的政道法理的历史契机。历史地看，在过去的 100 多年里，20 世纪 90 年代以来是中国未再发生大的政治动荡的相对平稳发展时期。这期间，不仅相继出现"国学热"、"人文精神"讨论、"传统文化复兴"等文化事件，"中华文化"、文化传统和"人权""法治"在国家层面也都得到了明确认可。在文化和理论界，一种试图彰显中国文化主体性的"文化自觉"也正在兴起，立足普遍因素来融会古今中外的文化姿态日趋明显。凡此皆为现代中国在受到西方文化严重冲击后，沿着其内在文化理路开拓其政治和法律发展道路创造了更多的现实条件。在 21 世纪上半叶"基本实

---

① 对于在国际关系中主要作为利益实体存在的"自由国家"而言，普遍人权在国内与国际层面，或者，本国与他国层面所具有的地位或重要性并不相同。关于"做错事的权利"，参见 Ronald Dworkin, *Taking Rights Seriously*, Cambridge, MA：Harvard University Press, 1978, p. 188；Joseph Raz, *The Authority of Law*, Oxford：Oxford University Press, 2009, p. 274；Jeremy Waldron, 'A Right to Do Wrong', 92 *Ethics* 1981：21 - 39；William A. Galston, 'On The Alleged Right to Do Wrong：A Response to Waldron', 93 *Ethics* 1983：320 - 324。

现现代化"的进程中,融会中西文化精髓,重显道德人文精神,沿着自身的文化传统构建中国的政道法理,直至完成近代 200 年间构建民主法治国家的历史使命,可望成为具有一定现实基础的历史期待。在此背景下,回望近代发展历程,重思古圣先贤关于政道法理的话语,作一些从"政"到"正"、从"利"到"义"、从"法"到"德"、从"学"到"道"的深入思考,不是全无必要的。

鉴于此,本书基于"内圣"与"外王"的内在联系,尝试对中国的法治构建作一种人文审视,这在很大程度上也是对古今法治的总体审视,进而探寻融会古今中西的中国政治和法律发展道路。在古今中外的对比结构中,本书拟从西方和中国的两种不同人文主义切入,沿着道德、功利、治理、政制四个层面分析历史上法家、儒家与西方的三种法治形态,考察法治的认知理性基础和道德理性基础,以此开拓中国法治乃至现代法治的道德人文维度。本书认为,现时代需要一种融合西方人文主义与中国人文主义之精髓的"新人文主义",以实现自然权利与天然明德、权利主体与道德主体、自由意志与自然道义、仁义道德与民主法治的统合,而深厚的中国人文底蕴以及近 100 多年间西方人文主义的持续浸染,为中国在 21 世纪实现这样一种重开"内圣外王"的道德政治理想提供了现实可能。本书第一部分梳理中国的道德人文主义和西方的理性人文主义,第二部分比较法家法治、儒家法治和民主法治三种各具历史和学理基础的法治模式,第三部分探究将道德系统与民主法治融合起来、同时打造政治和社会的道德人文和理性人文基础、重构"内圣外王"的学理必要性和历史可能性。

一、中西人文主义：道德与理性

　　人文主义存在中西之别。此种区别主要建立在中西各自文化传统的主体或主流基础上。从普适立场看，每一人文主义的特质在另外一种文化中其实也多少有所显现，即使它们受到抑制排挤而未能发展成为主干。① 例如，中国文化史上出现过与现代语言哲学很相似的名学，在性善论之外也存在与现代法治观紧密相联的自然本性论或性恶论等。尽管如此，就文化所侧重的不同认知路径，以及由此所表现出的基本特质乃至身处其中的人群所长期养成的生活态度和习惯思维而言，将中西人文主义作为人类文明史上历时长久的

---

　　① 有学者提到，"西方文化自希腊起就重智，而中国则自始就重德。严格地讲起来，中国并不是没有重智的一面，而是没有开展出来，昙花一现之后就枯萎了。"参见牟宗三：《中国哲学十九讲》，载《牟宗三先生全集》，第 29 卷，第 220 页，台北：台北联经出版事业公司，2003 年。

两个彼此形成对比的文化和思想系统看待，仍是成立的。鉴于西学大肆进入中国后，传统的道德人文主义受到冲击和削弱的现实状况，关于中西人文主义的比较，在很大程度上也映衬出中国千年文化传统与近百年"新文化"之间的古今对照。在古今中外时空格局下，"现代性"构成为考量中西人文主义的一个基本背景。虽然近代以来中西两个人文系统，或者传统文化与"新文化"之间表现出较大张力，但从欧洲一些"启蒙"思想家对中国文化的推崇看，西方现代性的发源也可能曾受到中国人文系统的影响。古中国上千年没有教会统治的道德人文生活，或许给了西方人以摆脱千年宗教统治而完全过世俗生活的想象空间。只是，西方在作这样一种人文转向时，并没有追随中国传统的道德理性之路，而是走上了认知理性之路，由此开启了一种建立在人的经验和理性基础上的现代文明。侧重道德理性的中国道德文化传统与侧重认知理性的西方理性人文系统之间的反差，在近代中国显得尤为鲜明。这是中国法治形成过程中不可回避的基本历史和文化语境。

1. 西方人文主义

凡文化，无论是关于物的、神的或人的，都可因为由人化成或通过人之一中介，而被认为是"人文"的，但人文主义作为一种在现代产生深远影响的特定历史现象，通常被认为萌发于欧洲的文艺复兴时期。循着西方文化系统从希腊文化到希伯来宗教文化再到人文主义的发展脉络看，文艺复兴在文化上对于现代具有历史开端意义，可谓西方文化在经历上千年的希伯来宗教文化对希腊文化的否定之后，对宗教文化实现"否定之否定"的重要转折点。文艺复兴时期的人文思潮，开启了神本主义的宗教文化走向衰落、人和自然的世界得以迅速发展的历史进程。一如学者所指出的，"如果说人文主义真的重新发现了对人、对人的能力和人对各种事物的理解力的信念，那么科学试验的新方式、革新了的世界观、企图征服和利用自然的新努力也应当归功于人文主义的影响。"①到 20 世纪，人文主义发展成为拒斥宗教信仰、只关心人类福祉的西方主体文化。② 甚至可以说，西方近代以来的经验主义、包括理性至上在内的理性主义、功利主义、人道主义、自由主义等，无不处在人文主义的大脉络中。有学者提到，"人文主义文化于过去五百年间在西方占据着主流地位……在现代工业化经济的发展过程中，特别是在我们称之为'现代化'的重大社会转型中，人文主义文化扮演了一个主要角色。人文主义同时还是渐次成长起来的自由民主的西方政治模式的重要推手。"③照此看，西方人文主义其实也是近

---

① 加林：《意大利人文主义》，第 215 页，李玉成译，北京：三联书店，1998 年。

② 参见 Antony Flew and Stephen Priest（eds），*A Dictionary of Philosophy*，London：Pan Books，2002，p. 175；Gordon Marshall（ed.），*A Dictionary of Sociology*，Oxford：Oxford University Press，1998. pp. 289－290。

③ 卡洛尔：《西方文化的衰落：人文主义复探》，中文版序，叶安宁译，北京：新星出版社，2007 年。

一个半世纪以来对中国社会转型产生重要影响的文化形态。

　　大体而言，从人出发，以人间世相为中心，以人的能力、尊严和自由发展为价值准轴，重人德、人智、人力、人事而轻宗教，是人文主义的基本特质。① 在这些方面，现代人文主义有别于宗教和纯粹的自然科学。在《西方人文主义传统》中，布洛克对人文主义与宗教、科学作了区分，划分了看待人和宇宙的三种不同的西方思想模式。一是超越自然或宇宙的模式，聚焦于上帝，把人看作神的创造的一部分。这一模式在中世纪占居主导地位。二是自然或科学的模式，聚焦于自然，把人如同其他有机体一样看作自然秩序的一部分。这一模式直到 17 世纪才形成。三是人文主义的模式，聚焦于人，以人的经验作为人了解自己、上帝、自然的出发点。这一模式初步形成于文艺复兴时期。② 尽管如此，人文主义与科学、宗教并非完全不相容。事实上，纵向地看，希腊文明、希伯来宗教、文艺复兴以来的人文主义以及 17 世纪以来的自然科学，都共同表现出西方文化系统的某些特性，从而看上去与中国文化系统显出差异。例如，古希腊关于"德性就是知识"③

　　① 参见吴博民编：《中国人文思想概观》，第 2 页，上海：长城书局，1934 年。
　　② 布洛克：《西方人文主义传统》，第 12—13 页，董乐山译，北京：三联书店，1997 年。布洛克同时指出，这三种模式并不存在严格的划分界线，也不意味存在着从神学模式到人文主义模式再到科学模式的发展线路。
　　③ 苗力田主编：《古希腊哲学》，第 222—223 页，北京：中国人民大学出版社，1989 年。

的看法，突显了一种依循知识途径追寻美德的倾向，这与中国文化传统中沿着德性路径"明明德"、"致良知"的观念存在很大不同，而现代西方主要在经验和知识领域考虑道德和公正问题，其实正承接了古希腊的智识路径。① 再如，西方宗教中第一主宰、人神两分的显著特点，与中国文化传统中"天人合一"、"本性具足"观念也有着重要差异。又如，西方近代以人为纯粹生物体或"机器"的看法，与中国文化传统中以人为道德感很强的"宇宙"的观念实大相径庭。② 这些表明，在一定程度上，西方人文主义也多为科学思维所渗透，类似于宗教中天人两分、第一主宰的主客思维亦绵延其间，它们共同受制于西方整个文化道路。也可以说，西方人文主义在很大程度上蕴含着对在不同历史时期持续存在的西方文化系统基本特性的深化和铺展。就此而言，把握西方人文主义，有时也不能脱离西方宗教和科学而作孤立分析，透过

---

① 这样一种承接关系也表现在苏格拉底与柏拉图之间。有学者指出，"《理想国》中那个唯理智论的论断，那种寻求一个受过充分教育的统治者作为救世主的倾向，必定是对苏格拉底关于美德——包括政治美德在内——即知识这一信念的详细阐发。"见萨拜因：《政治学说史》，上册，第58页，盛葵阳、崔妙因译，北京：商务印书馆，1986年。

② 参见梅特里：《人是机器》，第17、20、60、73等页，顾寿观译，北京：商务印书馆，1959年。陆象山曾说："宇宙便是吾心，吾心即是宇宙"，见陆九渊：《陆九渊集》，第273页，北京：中华书局，1980年。一些学者注意到，人存在于世的道德意义和联系在现代社会日渐自然和客观，"在通往现代科学的道路上，人们放弃了任何对意义的探求。……自然……成了纯粹的客观性。……不同的事物被同化了。这就是最终通过批判所确定的可能经验的界限。万物同一性的代价就是万物不能与自身认同。"见霍克海默、阿道尔诺：《启蒙辩证法：哲学断片》，第3—9页，渠敬东、曹卫东译，上海：上海人民出版社，2006年。

西方人文主义发现西方主体文化与众不同的特质或根本才是重要的。

归纳起来，以文艺复兴为正式开端的西方人文主义，在过去 500 年间的主要历史特质可大致概括为这样一些方面：

（一）摆脱宗教和神的束缚，从人出发并以人为中心来观察和思考世界。西方人文主义有时被追溯到普罗塔哥拉那里，因为他提出"人是万物的尺度"①。在文艺复兴时期，这一观念得以复活。人进而处在了认识的主体地位，并被确定为世界的中心。米兰多拉就认为，"人是万物的核心"，"人是自己的主人，人的唯一限制就是要消除限制，就是要获得自由，人奋斗的目标就是要使自己成为自由人，自己能选择自己的命运，用自己的双手编织光荣的桂冠或是耻辱的锁链。"②而且，神或上帝与人被严格隔开，人的注意力、希望和归宿转向尘世。被称为人文主义之父的彼特拉克谈到，"上帝的世界是经过七层铅封的世界，非凡人的智力所能理解"，"我是凡人，只要凡人的幸福"③。这样一种"人化"的过程，在后世蔓延到世俗社会的经济、政治、法律、文化等各个领域，直至形成"祛魅"的"人的王国"。

---

① 苗力田主编：《古希腊哲学》，第 183—186 页，北京：中国人民大学出版社，1989 年。
② 加林：《意大利人文主义》，第 59、102 页，李玉成译，北京：三联书店，1998 年。
③ 同上，第 23 页及译序。

（二）意志自由，充分认可人的能力和尊严。意志自由是人文主义的一个核心特征。宗教的衰微以及对"上帝之死"的宣告，都直接源于意志自由。在伊拉斯谟与路德关于意志自由的著名争论之后，历经宗教改革和"启蒙"运动，人成为独立的精神个体，人的意志自由得以最终确立。这可以说是影响近代西方政治经济发展特别是民主化和市场化的一个关键点。而且，人的潜在能力得到充分肯定和信任，甚至被无限放大。米兰多拉讲的"我们愿意是什么，我们就能成为什么"[1]，以及阿尔伯蒂讲的"人们能够完成他们想做的一切事情"[2]，都是关于人的潜能的典型话语。鉴于意志自由和潜在能力，人被视为有价值和有尊严的主体，因而应受到平等尊重。西方近代以来的权利、民主以及自由主义政治，在很大程度上正以这种意志自由和人的尊严为基础。[3] 一如学者所指出的，"代表选举是人文主义的派生事物，因为它赋予公民群体中的每一个我一份特别权力。选举制度基于对作为一个集合体的成年人行使理性能力的'自由主义的'推断，认定这个集合体会理智地思考他们愿意如何得到统治，以及他们如何自由实践他们认为合适的

---

[1] 卡洛尔：《西方文化的衰落：人文主义复探》，第3页，叶安宁译，北京：新星出版社，2007年。

[2] 布克哈特：《意大利文艺复兴时期的文化》，第135页，何新译，北京：商务印书馆，1979年。

[3] 参见 Ian Shapiro(ed.), *The Rule of Law*, New York: New York University Press, 1994, pp.13－19。

意向。"①

（三）立足自然世界和人的自然本性。从宗教文化到人文主义的转变，经历了一个"世界的发现和人的发现"②过程。一旦对世界的宗教解释被舍弃，对自然世界的客观把握和审美观察就成为可能并得到发展。"人化"的过程由此也成为世界自然化的过程。世界获得了一种基于自然科学的人文解释，以致人本身也被自然化，成为物种进化过程中有血有肉、具有理性的自然生物。禁欲主义因此被解除，人的身体特别是生理本性受到重视并被重新认识。拉伊蒙迪在15世纪重述了伊壁鸠鲁的观点："我们既然是大自然的产儿，就应当竭尽全力保持我们肢体的健美和完好，使我们的心灵和身体免遭来自任何方面的伤害。"③菲莱尔福也质问："自从弄清楚人不仅仅是灵魂的时候开始，人们怎么可以忘记人的身体呢？"④而且，人的快乐成为价值评判的基本标准，以至于"追求幸福"连同生命、自由一起，在政治和法律文献中被确定为基本人权。与此相应，历史上从宗教的、道德的或自然的义务出发的宗教统治或伦理政治，转变为从

---

①　卡洛尔：《西方文化的衰落：人文主义复探》，第140页，叶安宁译，北京：新星出版社，2007年。卡洛尔还提到，"自由主义政治理论使得个人无拘无束地追求自己的幸福，并授权给那些凭着自由意志的独立自治的公民选举出来的人。"见该著，第162页。

②　参见布克哈特：《意大利文艺复兴时期的文化》，第143，280，302页，何新译，北京：商务印书馆，1979年。

③　加林：《意大利人文主义》，第47页，李玉成译，北京：三联书店，1998年。

④　同上，第46页。

"自然权利"出发的自然政治。①

（四）在认知上，以人的经验和理性为判断根据。无论是笛卡尔讲"我思故我在"，洛克讲心灵犹如一张"白纸"，还是贝克莱讲"存在就是被感知"，②都将知识的来源归结于经验和理性。无论是诉诸感官的经验主义、诉诸利害的功利主义，还是诉诸理智的理性主义、诉诸情感的浪漫主义，都抛弃了天赋或先验的道德原则，消解了宗教和传统的权威，而将是非对错、善恶标准、社会交往以及政治法律制度安排，建立在经验和理性的基础上。"敢于认知"③，并由此将人的经验和理性作为认知基础，是西方人文主义的基本特点。有学者指出，人文主义"重视理性，不是因为理性建立体系的能力，而是为了理性在具体人生经验中所遇到的问题——道德的、心理的、社会的、政治的问题——上的批判性和实用性的应用。"④理

---

① 参见巴克：《希腊政治理论：柏拉图及其前人》，第36—37页，卢华萍译，长春：吉林人民出版社，2003年；施特劳斯：《霍布斯的政治哲学：基础与起源》，第118、186—190页，申彤译，南京：译林出版社，2001年；施特劳斯：《自然权利与历史》，第35、186页，彭刚译，北京：三联书店，2003年。

② 参见北京大学哲学系外国哲学史教研室编译：《西方哲学原著选读》，上卷，第369、450、503页，北京：商务印书馆，1981年。

③ 参见康德：《历史理性批判文集》，第22页，何兆武译，北京：商务印书馆，1990年。有学者指出，"启蒙的根本目标就是要使人们摆脱恐惧，树立自主。……启蒙的纲领就是要唤醒世界，祛除神话，并用知识替代幻想。……启蒙的理想就是要建立包罗万象的体系。……启蒙对待万物，就像独裁者对待人。独裁者了解这些人，因此他才能操纵他们；而科学家熟悉万物，因此他才能制造万物。"见霍克海默、阿道尔诺：《启蒙辩证法：哲学断片》，第1—6页，渠敬东、曹卫东译，上海：上海人民出版社，2006年。

④ 布洛克：《西方人文主义传统》，第235页，董乐山译，北京：三联书店，1997年。

性,在此更多地指人的认知理性,它意味着判断、计算、推理以及合乎逻辑的思考等能力。这种理性通常被认为受到激情、欲望、利益的支使,其功能在于"计算出欲望如何能够得到满足,一种欲望如何与另一种欲望相互协调。霍布斯、边沁,以及自由主义者一般都假定,每个人都被充分地赋予了这种能力去清楚地计算和思考以便能够有效地寻求他或她自身的利益。"①道德、经济、政治、法律、社会各领域的现象都基于经验和理性获得合理解释,其问题也都在经验和理性范围内形成合理的解决方案,而超出经验和理性之外的事物、事情和应对办法,则通常被认为是虚幻的、不可理解的或"不合理的"。因此,个人"在一切客观的事实、法律和无论哪一类约束面前……保留着由他自己做主的感情,而在每一个个别事件上,则要看荣誉或利益、激情或算计、复仇或自制哪一个在他自己的心里占上风而独立地做出他的决定。"②

总的说来,文艺复兴以来的西方人文主义,既与西方整个文化系统有着难以分割的内在联系,又是一种不同以往、有着新特点的文化形态。与古希腊文化相比,它不再赋予善、德性或某些形而上的先验原则以天然的基础地位,而是在人的经验和理性基础上讨论善、德性以及正当问题。与中

① 阿巴拉斯特:《西方自由主义的兴衰》,第42页,曹海军等译,长春:吉林人民出版社,2004年。
② 布克哈特:《意大利文艺复兴时期的文化》,第445页,何新译,北京:商务印书馆,1979年。

世纪的宗教文化相比，它不再以神或人的宗教义务为中心，而是围绕人的自然本性，基于经验和理性来解释和构造外在世界。可以说，西方人文主义开出的是一个以人的经验和认知理性为基础的人的世界，其价值体系主要是围绕人的身体、生命以及生理本性构建起来的，人的自由特别是意志自由成为它的基本原则。尽管从中国法家那里，也能看到一种基于人的生理本性的知识拓展，但在价值诉求上，西方人文主义又表现出与法家理论不同的现代意义。在西方人文主义的视野下，人因其自然本性、潜在能力和意志自由而被认为享有尊严、平等价值和自然权利；权力分立、权力制衡、人民主权、法治宪政则是从人的自然生理本性出发，基于人的经验和认知理性构建起来用以保障人的自然权利、维护正常社会交往的外在制度形式。用历史比较的眼光看，在西方文化系统中，人文主义与中世纪以前的古代文化存在着某种明显的断裂。这集中表现在，自然权利取代自然法、神法而成为现代政治、道德、法律领域的基本出发点，意志自由取代自然道义、宗教义务而成为现代社会的基本处事原则。与此相应，人在作为权利主体与作为德性主体之间发生分裂，道德精神与自然权利、民主政治、自由法治之间也出现缝隙。质言之，西方人文主义在将现代人文世界的基础奠定于人的经验和认知理性之上的同时，其实也划出了现代人文世界的范围和边界。在很大程度上，西方人文主义因此弱化或忽略了人的道德理性。例如，享有自由意志的个人可能享有"做错事的权利"；有些基于民主投票机制产生的政治和法律决议可能偏离"道义"；而"自由国家"也可能因为缺乏必要的道德原则限制而沦为政治、经济乃至文化势力的功利手段，最终滑向"自由国家主义"以及具有侵略性的"自由帝国主义"。① 如果说，西方人文主义在为现代民主政治和法治铺设文化底垫的重要历史过程中，一定程度上附带有道德和政治上的"现代性"问题，甚至发展出一些批判学者所指出的物质进步与道德衰落、自由体系与统治体系共生并进的状况，②那么，与之相比，近100多年间，中国文化传统中的人文主义则因为

---

① 有学者在关于"现代性"的讨论中，强调了欧洲大陆特别是德国"现代性"发展道路中的缺陷，而疏漏或回避了英美近代发展中的"现代性"问题。参见高全喜：《何种政治？谁之现代性？》，北京：新星出版社，2007年。如果将英美近三、五百来的发展放在中西文化对比的大格局中审视，其"现代性"问题同样是不容忽视的，这既体现在道德方面，也体现在政治方面。事实上，西方学者对现代性的反思大多是从"启蒙"直贯下来的。"启蒙"以来构成现代生活方式直接源头的西方近代经典所突显的知识系统，与中国传统经典所蕴涵的道德系统显然是脱离的，甚至是对立的。

② 例如，有学者认为，"社会中的自由与启蒙思想是密不可分的。但是……同样也清楚地……启蒙思想的概念本身已经包含着今天随处可见的倒退的萌芽。……今天，人性的堕落与社会的进步是联系在一起的。……随着财富的不断增加，大众变得更加易于支配和诱导。社会下层在提高物质生活水平的时候，付出的代价是社会地位的下降。这一点明显表现为精神不断媚俗化。精神的真正功劳在于对物化的否定。一旦精神变成了文化财富，被用于消费，精神就必定会走向消亡。精确信息的泛滥，枯燥游戏的普及，在提高人的才智的同时，也使人变得更加愚蠢。"见霍克海默、阿道尔诺：《启蒙辩证法：哲学断片》，前言，渠敬东、曹卫东译，上海：上海人民出版社，2006年。也有学者提到："在一个压制性总体的统治下，自由可以成为一种强有力的统治工具"，"在人隶属于他的生产设备的意义上，不自由随着作为它的工具的技术进步，以众多自由和舒适的形式被永恒化和强化"，"从一开始否定就处在肯定之中，非人性就处在人化之中，奴役就处在自由之中"。见马尔库塞：《单向度的人》，第8、29、124页，张峰译，重庆：重庆出版社，1988年。

其对道德理性的偏重而既受到西方人文主义的猛烈冲击，也在重构"新外王"的过程中遭遇到重重困境。

2. 中国人文主义

中国文化传统因为其所包含的人文主义而与西方文化以及世界其他文化传统相比表现出较大的独特性，也因为此种人文主义的普遍因素而透显出一种至今仍得以生发延展的普适性。从具体历史看，中国传统文化乃至中国文化实际呈现出丰富而广泛的各种形式，也有明显的分层，是集尊贵与卑微、公义与私利、庙堂与江湖、正信与迷信、高雅与低俗于一身的综合体。此种历史状况客观上为 20 世纪的文化批判运动提供了切入口。不过，因为历史流变中某些未尽合理的历史现象而彻底否定中国文化，或者只从历史文化形态上把握中国传统文化，视之为比西方文化或其他现代文化更为落后的文化形态，而不从根本道理上作去粗取精、去伪存真的辨别，就不可避免地会忽视乃至误解中国文化中的普遍人文要素，而这些要素恰是中国文化历经大浪淘沙式的千年流转而仍得以延绵不断的根源所在。基于人文主义的角度审视，中国文化传统并不能被仅仅视为一种与君主政制不可分割的独特历史文化形态，它在道理层面实际蕴涵着足以穿越古今中外的人文精神或要素，并因此对于现代世界以及未来具有重要历史意义，也有着在摆脱君主政制的支配或影响后与现代生活相适应或融合的可能性。可以说，人文主义或道德精神构成了中国传统文化以及整个中国文化不可或缺的基本内容和独特维度，以致有人认为，"中国文化乃是一在本源上即是人文中心的文化。"①在此意义上，理解中国文化，甄别和准确把握其中的人文要素是必不可少的，而就此人文主义或道德精神相对西方以及其他文化系统的独特性和普遍性而言，这样一种把握也显得尤为重要。在更多地立足经验、理性乃至功利来构建民主法治的现时代，对中国法治以及现代法治作适当道德人文审视的必要性和重要性也正发源于此。

一般认为，中国人文主义大致形成于周代，②但从古文尚书等文献看，它至少还可上溯至尧舜。③ 这集中体现在"天命"与"人力"的关系上。无论中西，命运与人的自由意志之间的关系都构成人文主义的一个关键。例如，被视为人文主义思想家的马基雅维里，在《君主论》中就认定，"命运是我们半个行动的主宰，但是它留下其余一半或者几乎一半归我们支配"，同时，他又将命运比喻为弱女子，强调人的意志、理智和行动对人起决定性作用。④ 在很大程度上，西方

---

① 唐君毅：《中国人文精神之发展》，第 6 页，桂林：广西师范大学出版社，2005 年。

② 参见同上。

③ 例如，《尚书·大禹谟》："民弃不保，天降之咎"；"惟德动天，无远弗届"等。

④ 马基雅维里：《君主论》，第 117—120 页，潘汉典译，北京：商务印书馆，1985 年。

自文艺复兴以来的人文运动,可谓一个建立在经验和理智基础上的人的自由意志的扩展过程。与此形成对照的是,中国人文主义从其产生之初就具有明显而深厚的道德取向。在中国人文主义中,始终存在一种人通过自己的努力可以达致或超越"天命"的道德认知。在周代,尽管"天命不僭,卜陈惟若"①的观念仍被坚持,但也出现了"枯骨死草,何知吉凶"②的话语,人们在一定程度上摆脱对占卜以及巫术的迷信,开始不顾占卜结果而按照人自己的意愿和智慧处理人间事务。人文主义的开始大致是以这种"天命"与"人力"发生一定分化、肯定"人力"的实际效果为前提的。在从夏到商、从商到周的王朝更替过程中,"受命于天"的观念不断遭受冲击,尽管"天命"未被完全否定,但它不再被认为是固定不变的。就统治而言,"天命"可"易"的现实,在统治者阶层促发了一种"战战兢兢,如临深渊,如履薄冰"③、"终日乾乾,夕惕若"④的忧患意识。从被奉为儒家的十六字真言"人心惟

---

① 《尚书·大诰》。
② 《史记·齐太公世家》:"武王将伐纣,卜龟兆,不吉,风雨暴至。群公尽惧,唯太公强之,劝武王,武王于是遂行。十一年正月甲子,誓于牧野,伐商纣。纣师败绩。"《论衡·卜筮》:"周武王伐纣,卜筮之,逆,占曰:'大凶'。太公推蓍蹈龟而曰:'枯骨死草,何知吉凶!'"《说苑·指武》:"武王将伐纣,召太公望而问之曰:'吾欲不战而知胜,不卜而知吉,使非其人,为之有道乎?'太公对曰:'有道。王得众人之心以图不道,则不战而知胜矣;以贤伐不肖,则不卜而知吉矣;彼害之,我利之,虽非吾民,可得而使也。'武王曰:'善'。"
③ 《诗·小雅·小旻》。
④ 《易·乾》。

危,道心惟微,惟精惟一,允执厥中"①看,这种忧患意识也不仅仅表现在政权维护层面,而且更深地表现在对人的生理欲望腐蚀道德本性的提防上。贯穿在儒家经典中的此种人文意蕴深厚的忧患意识显示出道德哲学与政治哲学在中国文化中的高度统一。与此相应,在"天命"与"人力"的认知结构中,"人力"特别是人的道德努力对于维持天命甚至改变命运的重要作用,基于一种充满危机感的政治实践被提炼出来并受到高度重视。天命靡常,惟人力或人德可恃,因之作为道德和政治原则得以确立。此类相关话语在中国古代有很多。例如,"天命靡常……聿修厥德。永言配命,自求多福"②;"天命不易,天难谌……恭明德……天不可信,我道惟宁王德延"③;"惟克天德,自作元命"④等。在认识到"天命"不再可以永久依赖之后,人从"天命"转向"人力","自"、"我"的道德努力作为人始终可以把持的基本方面得到了充分展现。此种"自求多福"、"自造元命"的生命态度也深入到政治领域,从而形成了中国政治文化传统中根深蒂固的"德治"和"民本"观念。提升统治者自身的德行,成为维护巩固政权、赢得上天眷顾的重要方式。而且,基于现实政治

---

① 《尚书·大禹谟》。
② 《诗·大雅·文王》。
③ 《尚书·君奭》。
④ 《尚书·吕刑》。类似的话语还有,《尚书·多士》、《尚书·大诰》:"惟天明畏";《尚书·康诰》:"惟命不于常";《尚书·召诰》:"不可不敬德……惟不敬厥德,乃早坠厥命";《尚书·文侯之命》:"克慎明德"等。

经验的总结，上天眷顾的标准最终被归结为获得人民支持。① 由此，"德"成为沟通"天"与"民"的渠道，"德"与"民"也成为政治领域两个至为基本而又相互联系的方面。"天"、"德"、"民"这些因素融合在一起，既为中国传统政治设置了超验维度，也为其开展造就了现实途径。

不难发现，中国人文主义透显着厚重的道德意蕴，因此，一些学者也以"道德人文精神"来表述它。这是一种与西方的理性人文主义存在差异的人文主义。大体上，肯定一个虽然难以通过经验认知但客观上存在并对人产生实在功效的道德系统，构成了中国人文主义的基本特质。相对西方人文主义对人的经验、理智的侧重而言，中国人文主义表现为一种明显的道德人文主义。这样一种人文主义在中国后世得到了延续传承和进一步发展，一直是中国传统道德哲学和政治哲学的根基所在。依循根本道理和历史脉络看，中国的道德人文主义可说是始终围绕道德系统和人的道德主体精神展开的。这主要表现在以下四个方面：

（一）人的道德本性。尽管中国历史上不乏性恶论，但认可人的道德本性或人性善，构成了包括儒、释、道在内的中国文化主流的一个必需要素，正所谓"天地间，至尊者道，至贵者德而已矣。至难得者人，人而至难得者，道德有于身而

---

① 《尚书·泰誓》："天听自我民听，天视自我民视"。《尚书·酒诰》："人无于水监，当与民监"。

已矣。"①中国文化路径得以展开的基点正在于人生而皆具有的善性、"明德"、"恻隐之心"、"良知"。② 换言之，从人的道德本性出发，是中国人文主义的一个重要特质。③ 当然，中国文化中也存在"食色,性也"④之类的话语，但因此而否定人的道德本性或人向善的可能性，则是与中国文化格格不入的。即使是儒家的代表人物荀子，在其提出"人之性恶，其善者伪"⑤后，也被韩愈批评为"大醇而小疵"，程颐则更是评判为"一句性恶，大本已失"。⑥ 传统中国对"德治"的高度重视，与这种对人的道德善性的充分认可和侧重是密切相关的。无论是"正德，利用，厚生"⑦，还是"为天地立心，为生民

---

① 周敦颐：《周敦颐集》，第33页，北京：中华书局，1990年。

② 例如，《礼记·冠义》："凡人之所以为人者，礼义也"；《诗·国风·相鼠》："人而无仪，不死何为？……人而无止（耻），不死何俟？……人而无礼，胡不遄死"；《孟子·告子上》："恻隐之心，人皆有之……仁义礼智，非由外铄我也，我固有之也"；《河南程氏遗书》卷二："良知良能，皆无所由，乃出于天，不系于人。"见程颢、程颐：《二程集》，第20页，北京：中华书局，1981年。

③ 李约瑟提到，"在西方，认为人生便有原始罪孽的奥古斯丁学说（Augustinism）成为正统派，而反对此说的派来基学说（Pelagianism）被视为异端。在中国，正相反，孟子成为儒家的正统派，而荀卿被视为异端人物。……这个中西的不同，对于中国整个文化具有基本的意义"；"孟子的性善说，在学生用书中已成为天经地义……当利玛窦于17世纪初来华与中国学者讲谈时，他发觉将原罪的信条说得道理明白，有不小的困难。"见李约瑟：《中国古代科学思想史》，第24页，陈立夫等译，南昌：江西人民出版社，1999年。

④ 《孟子·告子上》。

⑤ 《荀子·性恶篇》。

⑥ 韩愈：《韩昌黎全集》，第183页，北京：中国书店，1991年；程颢、程颐：《二程集》，第262页，北京：中华书局，1981年。在近代，熊十力对冯友兰关于良知是个假定的看法也提出过类似的批评，参见牟宗三：《生命的学问》，第108页，桂林：广西师范大学出版社，2005年。

⑦ 《尚书·大禹谟》。

立命"①，都体现出对人的道德本性的扶持，这不仅适用于治理者，也普遍适用于所有人。所谓"千万世之前……千万世之后……东西南北海……同此心同此理也"②，讲的也无非是人的这种道德本性。如果说西方近代以来日渐形成了一个立足自然本性的物理世界观，那么，中国文化则一直贯穿着一种立足道德本性的道德世界观。宇宙与人因此被认为是同构的，一如陆象山所言，"宇宙内事，是己分内事。己分内事，是宇宙内事。"③人与宇宙的这种道德同构，设定了人生以及政治的道德进路，中国传统政治因此更多地表现为一种道德政治。所谓"内圣外王"，由于始终需要基于"内圣"开"外王"，这样的"外王"也呈现出鲜明的道德本色，显然有别于立足人的生理或自然本性的自然政治。如果说，自然政治主要遵循的是在世俗的政治、经济、社会等领域通行的自然律，那么，道德政治主要遵循的则是同样对人产生实际效果的道德律。对人道德本性的侧重和对道德律的遵循，决定了中国传统政治和法律实践的道德路向。

（二）人的道德能力。不仅西方人文主义强调意志自由，中国人文主义也同样强调人的意志自由。有所不同的是，中国文化里的意志自由具有深厚的道德意义。这主要表

---

① 参见张载：《张载集》，第320页，北京：中华书局，1978年。原文为"为天地立志，为生民立道"。
② 陆九渊：《陆九渊集》，第273页，北京：中华书局，1980年。
③ 同上。

现在对人的道德能力和内在尊严的充分认可上。在人的能力方面，所谓"万物皆备于我"①、"天地之道备于人，万物之道备于身"②、"吾性自足"③等话语，强烈突显出人无所不备的潜质。这丝毫不逊于西方文化中那种"给我一个支点，我就能撬起地球"的气魄。只是，在中国文化中，人的这种能力主要不在于经验和理智层面，而在于人的道德或"德慧"④层面。"人皆可以为尧舜"⑤、"圣人可学而至"⑥，这些话语既充分肯定了人自身所具备的潜能以及开拓此种潜能的无限可能性，也明确标示出人开拓潜能的道德方向。如果说，在西方人文语境中，自由意志多表现为是非善恶的标准完全取决于个人自己，而这并不以一种客观存在的超验法则为准绳和必要限制，那么，在中国文化中，人的自由意志则主要发生于"持其志"、"求则得之"与"暴其气"、"舍则失之"之间，⑦它是一种受到道德系统主导或道德律指引的意志自由，具有根深蒂固的道德性质，是一种与"自然正当"（natural right）紧密结合在一起的自由意志。⑧ 人之为人的尊严，也恰源于

---

① 《孟子·尽心上》。

② 邵雍：《邵雍集》，第554页，北京：中华书局，2010年。《大学衍义》卷二也有这样的话："道备于身而无阙"。

③ 王守仁：《王阳明全集》，第1228页，上海：上海古籍出版社，1992年。

④ 《孟子·尽心上》。

⑤ 《孟子·告子下》。

⑥ 程颢、程颐：《二程集》，第577页，北京：中华书局，1981年。

⑦ 参见《孟子·离娄上》、《孟子·告子上》、《孟子·尽心上》。

⑧ 《孟子·离娄上》："仁，人之安宅也；义，人之正路也"。《论语·颜渊》："为仁由己"。《论语·述而》："我欲仁，斯仁至矣"。《孟子·滕文公上》："舜何人也？予何人也？有为者亦若是"。

人的自由意志对道德路向的不懈坚持。而且，在中国文化语境中，人的这种道德能力具有极强的能动性和创造性。通常，人们习惯于以"天人合一"来归结中国文化的特质。其实，从人的道德能力看，在中国文化中，人也有其独特的、难以替代企及的方面。陆象山有言，"儒者以人生天地之间，灵于万物，贵于万物，与天地并而为三极。天有天道，地有地道，人有人道。人而不尽人道，不足与天地并"①，这在一定程度上反映出中国文化传统中与"天人合一"同时存在的天人并立观念。无论是"天人合一"还是天人并立，都与西方的天人两分以及第一主宰观念有着重要不同。诸如"以道莅天下，其鬼不神，非其鬼不神，其神不伤人，非其神不伤人，圣人亦不伤民，夫两不相伤，则德交归焉"②，"人能弘道，非道弘人"③等话语，亦充分展现出人在弘扬"道"的方面所具有的独到能力。可以说，中国人文主义在追求"天人合一"的同时，也突显出人极强的意志自由和道德主动性。"我命在我不在天"④、"不能自强，则听天所命；修德行仁，则天命在我"⑤等话语，鲜明地表明了这一点。就此而言，在中国文化中，人的道德努力在终极意义上其实是以超越天人的"道"、"理"、"法"为依归的，而"德"正可谓人天然具备并且可以达致终极目标的津梁。在

---

① 陆九渊：《陆九渊集》，第 17 页，北京：中华书局，1980 年。
② 《道德经》。
③ 《论语·卫灵公》。
④ 转见《抱朴子内篇·黄白卷》。
⑤ 朱熹：《四书章句集注》，第 280 页，北京：中华书局，1983 年。

很大程度上，这样一种对"道"、"德"、"理"、"法"的终极和超越追求，抑制了以人的生理本性为基础的自然政治的发展。

（三）人的道德责任。道德责任，规制和引导着中国人文主义的目的和方向。依循中国文化传统的理路，从人的道德本性和道德能力，既可推导出人对自己的道德责任，也可推导出人对他人的道德责任。在这一点上，现代自由主义表现出明显不同。按照自由主义理论，个人在无涉他人的领域是完全自治的，社会交往的唯一限制条件是"无害他人"，只要不违背此"自由条件"，个人有权利做任何事。①　由此，个人对自己的道德责任是难以推导出来的。虽然自由主义为道德留下了个人空间，但由于它并不以道德系统、自然正当或确定的是非善恶体系为圭臬，个人的道德责任事实上并不明确，以至于密尔在《论自由》中将吸食鸦片也视为个人的自由或权利。②　在自由主义理论中，人的责任主要表现为法律和社会责任，这是一种基于个人权利而产生的责任，不是基于道德本性和道德能力的责任。而沿着中国文化理路看，出于"天地万物为一体"③观念，人对他人乃至所有人负有一

---

① 参见密尔：《论自由》，第 10 页，程崇华译，北京：商务印书馆，1959 年。密尔的这一理论为"做错事的权利"提供了学理基础。

② 同上，第 104 页。

③ "仁者，以天地万物为一体"，见程颢、程颐：《二程集》，第 15 页，北京：中华书局，1981 年。"大人者，以天地万物为一体者也，其视天下犹一家，中国犹一人焉"；"以天下为一身"；"推其天地万物一体之仁以教天下"，见王守仁：《王阳明全集》，第 54、968、1025 等页，上海：上海古籍出版社，1992 年。

种普遍的道德责任，它以仁德为内在核心要素，以"亲亲而仁民"①、"博施于民而能济众"②为外在延伸路径。在传统体制下，此种道德责任也得以向政治、法律和社会领域普遍扩展。如果说，统治者基于对政权稳固的担忧而注重自身道德，更多地表现为一种消极意义上的"德治"，那么，建基于"万物一体"观念之上的人的道德责任，则深化了一种更为积极的、旨在从终极意义上发明所有人的道德觉悟的"德治"。这在很大程度上加固了"民本"政治的道德根基，使之不致深陷单纯的关于政权兴替的功利考量之中，进而使政治和行政领域的"若保赤子"③态度具有更为实在的道德意义，也使道德意识广泛扩及于社会中的每个人。在中国文化中，此种公共道德责任并非建基于个人权利，而渊源于"万物与我为一"④、"天地万物为一体"，或者说，他人乃至万物与自己不可分割的同一性或相关性。张载所讲的"天地之塞，吾其体；天地之帅，吾其性。民吾同胞，物吾与也"⑤，最足以用来说明这一点。因此，无论是儒家的"己欲立而立人，己欲达而达人"⑥，还是道家、佛家的普渡众生，所体现的并非仅仅是一种利他或兼顾他人的心态，而是一种与道德主体自身休戚

---

① 《孟子·尽心上》。
② 《论语·雍也》。
③ 《尚书·康诰》。
④ 《庄子·齐物论》。
⑤ 张载：《张载集》，第 62 页，北京：中华书局，1978 年。
⑥ 《论语·雍也》。

相关的道德责任。在此，人对自己的道德责任与人对他人的道德责任其实是融合在一起的，正所谓"圣人之心，以天地万物为一体，其视天下之人，无外内远近，凡有血气，皆其昆弟赤子之亲，莫不欲安全而教养之，以遂其万物一体之念。"①

（四）人的道德认知。在人的感官或物理认知之外，中国人文主义一直保持和发展着一种独特的道德认知形式。此种认识形式构成了人的道德本性、道德能力以及道德责任的认识论前提，也制约着中国学术的发展方向，道德知识体系因此在中国传统学术中长期处于主导地位。在近代以来的知识转型过程中，随着认知基础被确立于人的经验和理性，现代学术日渐科学化、实证化、理性化或"合理化"，传统的道德认知方式以及与之相联系的道德知识体系遭受严重冲击，以致一些学者在自然法的现代复兴运动中，不得不特别关注自然法的认识论要素。例如，现代欧美学者马里旦在追随阿奎那的路径阐释自然法时，就注意到两种认知形式的差别，并由此指出，"人的理性并不是以一种抽象的和理论的方式来发现自然法规则……也不是通过理智的概念运用或推理认知形式来发现它们"，"自然法是通过良知良能（inclination and connaturality），而不是通过概念的或推理的知识被认知的。"②此种不同于经验和理智的道德认知形式，

---

① 王守仁：《王阳明全集》，第 54 页，上海：上海古籍出版社，1992 年。

② Jacques Maritain, *Natural Law: Reflections on Theory and Practice*, South Bend: St. Augustine's Press, 2001, pp. 23, 33.

在中国文化中被称为"德性之知"，它与"闻见之知"相区别。

所谓"德性之知"，在孟子那里主要表现为人的良知良能：

"人之所不学而能者，其良能也；所不虑而知者，其良知也。

孩提之童，无不知爱其亲者；及其长也，无不知敬其兄也。亲

亲，仁也；敬长，义也。无他，达之天下也。"①此种"达之天

下"的良知良能或德性之知，并不依赖于人的经验感知或

"闻见之知"。一如宋儒所言："世人之心，止于闻见之狭。

圣人尽性，不以见闻梏其心，其视天下无一物非我，孟子谓尽

心则知性知天以此。……见闻之知，乃物交而知，非德性所

知；德性所知，不萌于见闻"②；"闻见之知，非德性之

知。……德性之知，不假闻见。"③在中国文化传统中，德性

之知的开通，有其独特的实在门径和方法。按照孟子的看

法，德性之知不是通过感官而是通过心思、心诚、尽心来获得

的。例如，孟子认为，"耳目之官不思，而蔽于物，物交物，则

引之而已矣。心之官则思，思则得之，不思则不得也"④；"诚

者，天之道也；思诚者，人之道也"⑤；"尽其心者，知其性也。知

其性，则知天矣。"⑥荀子也认为，"治之要在于知道。人何以

---

① 《孟子·尽心上》。
② 张载：《张载集》，第24页，北京：中华书局，1978年。
③ 程颢、程颐：《二程集》，第317页，北京：中华书局，1981年。
④ 《孟子·告子上》。
⑤ 《孟子·离娄上》。《礼记·中庸》亦提到，"诚者，天之道也；诚之者，人之道也。诚者不勉而中，不思而得，从容中道，圣人也。"
⑥ 《孟子·尽心上》。

知道？曰：心。心何以知？曰：虚一而静。"①大体而言，人的道德认知主要是通过内心虚静诚明从而达致"天人合一"来实现的。此种"正心诚意"、"诚者，物之终始，不诚无物"②的理路在中国文化中一脉相承。宋儒也强调："诚明所知乃天德良知，非闻见小知而已"③；"闻之知之，皆不为得。得者，须默识心通。学者欲有所得，须是笃，诚意烛理。上知，则颖悟自别；其次，须以义理涵养而得之。"④这样一种通过"虚一而静"、"诚意烛理"、"义理涵养"或"致虚极，守静笃"⑤来达致德性之知的道德认知路径，显出浓厚的人文意蕴。

总之，就文化主流而言，人的道德精神、主体精神和责任精神构成了以道德系统为根基的中国人文主义的实质。与此适成对照的是，近代以来的西方人文主义主要立足于人的身体和生理本性来构建作为主体的人及其责任。虽然中西人文主义都表现出人的理性精神，都力图使人成为有尊严的主体，但它们所据以立足的理性基础其实有差异。质言之，中国人文主义建基于人的道德理性，可谓道德人文主义；西方人文主义则建基于人的认知理性，可谓理性人文主义。同样，虽然中西人文主义都表现出从人天然具备的本性出发，

① 《荀子·解蔽篇》。
② 《礼记·中庸》。
③ 张载：《张载集》，第 20 页，北京：中华书局，1978 年。
④ 程颢、程颐：《二程集》，第 178 页，北京：中华书局，1981 年。
⑤ 《道德经》。

但它们对人的本性的不同方面实际上有所侧重。如果说，中国人文主义从人的道德本性出发最终成就的是道德主体，那么，西方人文主义从人的生理本性出发最终成就的则是权利主体。由于中西人文主义在基点和路向上的差异，中西政治和法律发展道路在很多方面也有所不同。鉴于此，接下来在中西人文背景下，进一步对比分析中西法治模式。

二、法治：法家、儒家与西方

法治主张和实践的一个前提是关于人的理论。侧重人的不同方面，或者，立足对人的性质的不同判断，法治主张和实践通常有与之相应的不同朝向。按照一种通常的见解，法治以"人性恶"为基础，在西方宗教背景下也与人的"原罪"联系在一起，法律惩罚的必要源于人与生俱来的恶性以及后天的恶行和恶意。这显然是一种偏重人的生理本性的法治观，它在古代法家语境下被应用于惩治国民，也在现代宪政语境下被应用于约束权力持有和行使者。不过，此种与人性善恶相关的法治观，在始终不离人性善的中国文化传统下表现出一定局限，也未必可以完全用来解释现代社会的广泛民事和经济交往。鉴于人的道德善性，在中国文化语境中，发明人的"良知""明德"以达成对人生理本性一定克制的道德调适过程，被放在了比通过法律的社会治理更为根本和优先的地位，由此生发出一种比纯粹的法家法治更为丰富的法律治理观。这透显出法治的一种道德人文维度。而在现代社会，关于法律系统以及法律治理的解释和主张，也并不停留于人性的善恶层面。一些理论将法律放到人在社会交往中的经验判断和理性博弈过程里考量，从获得明确而稳定的社会交往预期的角度，揭示出现代错综复杂的社会交往对于确定法律规则和透明法律治理的内在需要。这又透显出一种无关善恶的法治的理性人文维度。在人文主义视野中，这样一些道德过程、理性过程、客观的自然过程乃至社会过程，对于法治的理解以及法治的构建都是需要的。总体上，法治主张和实践与人的理论之间的紧密联系，使得将法治与人文主义结合起来讨论成为可能，也显得必要。这一部分在人文主义语境下关于法治的历史和理论研究，着重沿着中国历史发展的线索展开，同时开掘蕴藏在各种主张和实践背后的学理，它将触及自然政治与道德政治的区别，也将触及现代权利政治或理性政治新的人文特质。

1. 法治的学理形态

在中国近代以来"古今中外"的背景下，循着纵向时间维度和横向空间维度审视，可大致发现三种法治模式：法家法治、儒家法治以及源自近代西方的民主法治。

其中,法家法治因为不与"民主"相联系,时常不被现代学者认同为"rule of law"(法治)。其实,即使在现代关于"rule of law"的讨论中,民主有时也并不被视为法治的必备要素,这在关于英国法治或宪政的讨论中尤为明显。而且,在现代关于法治的"形式理论"(formal theory)和"稀薄理论"(thin theory)①中,法治与权利、民主、道德、实质正义之间的价值联系看上去也愈发轻淡,以致有学者认为,"一个建立在否认人权、普遍贫困、种族隔离、性别不平等以及种族迫害基础上的非民主的法律体制,原则上可以比任何更加文明的西方民主的法律体制更好地遵循法治的要求……它将是坏得不能再坏的法律体制,但是,它有一点长处:长就长在它遵循法治。"②就此来看,法治的价值要素在现时代很有必要作更深入的思考。在这方面,儒家法治正表现出某些依然可能生发的优势。只是,一如法家法治与"rule of law"的关系,儒家是否有法治主张以及在实践中是否坚持法治,在学界存在着更多并不统一的意见。

通常,儒家被认为是"人治"、"德治"或"礼治"理论的倡

---

① 参见 Brian Z. Tamanaha, *On The Rule of Law: History, Politics, Theory*, Cambridge: Cambridge University Press, 2004, Chapter 7; Charles Sampford, "Reconceiving the Rule of Law for a Globalizing World", in Spencer Zifcak (ed.), *Globalization and the Rule of Law*, New York: Routledge, 2005, pp. 9 – 31; Charles Sampford, *Retrospectivity and the Rule of Law*, New York: Oxford University Press, 2006, pp. 39 – 64。

② Joseph Raz, *The Authority of Law: Essays on Law and Morality*, Oxford: Oxford University Press, 2009, p. 211.

导和坚持者。这些理论与法家的法治主张不仅有区别，而且
表现出较大张力。唯法是尚、严刑峻罚历来是儒家反对的，
尽管如此，也有很多人认为，在主要为儒学所主导的中国传
统社会，其实一直存在科条繁密、刑狱琐碎的法治。例如，郑
观应提到，"夫中国自秦、汉以来，以文法治天下，科条非不密
也。其奉行而持守之者，非不严且明也。"① 钱穆也曾指出，
"中国的政治制度，相沿日久，一天天地繁密化。一个制度出
了毛病，再订一个制度来防制它，于是有些却变成了病上加
病。制度愈繁密，人才愈束缚。这一趋势，却使中国政治有
'后不如前'之感。由历史事实平心客观地看，中国政治，
实在一向是偏重于法治的，即制度化的。而西方近代政治，
则比较偏重在人治，在事实化。何以呢？因为他们一切政
制，均决定于选举；选举出来的多数党，就可决定一切了。
法制随多数意见而决定，而变动。故说它重人，重事实。我
们的传统政治，往往一个制度经历几百年老不变；这当然只
说是法治，是制度化。法治之下，人才就受束缚了。所以明
末的黄梨洲要慨然说：'有治人，无治法。'这因一向制度太
繁密，故使他太不看重法，太看重人，而要提出此感慨。但
尚法并非即算是专制。而中国历史上平地拔出的人愈后愈
多，而自由展布之才却愈后愈少了。此后的我们，如果不能
把这种传统积习束缚人的繁文琐法解放开，政治亦就很难有

① 郑观应：《盛世危言·吏治上》。

表现。"①钱穆的这种看法，特别是关于法治对人才的束缚，看上去与叶适、顾炎武等人的见解一脉相承。在《日知录》中，顾炎武反复提及"法制繁，则巧猾之徒皆得以法为市，而虽有贤者，不能自用，此国事之所以日非也。……法愈繁而弊愈多，天下之事日至于丛脞"，并大段引用宋代叶适诸如"法令日繁，治具日密，禁防束缚至不可动，而人之智虑自不能出于绳约之内，故人材亦以不振"之类的话语来作支持。②此种关于法治的批评议论，在近代也流行于康有为、王韬等人的著作中，其锋芒所向不仅针对中国传统社会，也扩及于近代西方的法治。③

上述描述和批判，为在儒学与法治之间建立联系以致发现儒家法治模式，提供了一定可能，却不足以用来确定地说明儒家是主张法治的，因为，虽然儒学长期被奉为主流意识形态，但中国传统社会的法治状况也可能恰是对儒家道德立场和道德理想的背离，不排除现实层面的急功近利最终导致了法术霸道对王道的取代。那么，就学理而言，儒学是否的确完全不容法治？或者，儒学中是否也包含有某种法治理论？对此问题，愈到现代，答案愈是显得肯定。贺麟、徐复观等人就明确表示，儒家其实是法治论者。鉴于孔子的"刑罚

---

① 钱穆：《中国历代政治得失》，载《钱宾四先生全集》，第31卷，第191页，台北：台北联经出版事业公司，1998年。
② 顾炎武：《日知录》"法制"、"人材"篇。
③ 参见康有为：《康有为政论集》，第1038页，北京：中华书局，1981年。王韬：《弢园文录外编·尚简》。

不中，则民无所措手足"、孟子的"上无道揆，下无法守"以及朱熹的"政事须有纲纪"等话语，贺麟断言，"真正的儒家，不惟不反对法治，甚至提倡法治。"①徐复观也更为细致地指出，"至于说儒家重人治而不重法治，便首先要看对'法'的解释。若将'法'解释为今日的宪法，则 2000 年以前尚无此观念。当然过去也曾想到要有一种恒常不变的法，来维持政治的安定，此即孟子所说的'旧章'、'先王之法'，这有似于英国的历史的惯例。但它与现代的宪法观念，究不相同。若将'法'解释为刑法，则儒家确是不重视刑法，但并不否定刑法。孟子说得很清楚，'国家闲暇，及是时，明其政刑'。若将'法'解释为政治上所应共同遵守的若干客观性的原则，及由此等原则而形之为制度，见之于设施，则孟子乃至整个儒家，是在什么地方不重法治呢？……'齐之以礼'即是主张法治。荀子的所谓'礼'，在政治上也是指法治而言。孟子也有'上无礼，下无学，贼民兴，乱无日矣'的话。专谈政治制度的《周官》又称为《周礼》，由此一端，也可知儒家在政治上所说的'礼'都是法治。而孔子也决不曾忽略法治。所以汉人常说：'孔子作《春秋》，当一王之法。'最容易引起误解的是《中庸》'文武之政布在方策，其人存则其政举，其人亡则其政息'的一段话，许多人由此而说儒家不重法治。其

---

①　贺麟：《法治的类型》，载贺麟：《文化与人生》，第49页，北京：商务印书馆，1988年。

实，这段话只说明当时的实际情形，何能解释为不讲法治？《中庸》在这章后面接着说'凡为天下国家有九经'，'九经'即是九种常法大法，后面皆——胪列了出来，这不是法治是什么？"①尽管儒学与通常被视为法治基础的诸如性恶论等存在明显张力，但徐复观等人的见解，的确为儒学中可能的法治理论以及历史上独特的儒家法治模式，打开了新的思路。就中国历朝历代皆有相当完备的法制和司法而言，自西汉独尊儒术以来中国传统的治理方式与"法治"之间的关系，在现时代也值得进一步研究。这涉及对中国文化传统和政治传统的重新理解。

如果说法家的法治兴起于战国而厉行于秦，而汉代以后的法律实践受到儒学的影响乃至支配，那么，作为一种新的法治类型，源于西方的法治（rule of law）则是在晚清之后才进入中国历史发展进程的。这是一种与民主体制紧密联系的法治模式。它起初由于被片面地理解为是与法家法治近乎相同的模式而受到一定批评，后来则在民主进程中日渐与共和宪政目标联系在一起，成为中国政治和法律现代化的基本内容和形式。

作为三种模式的法家法治、儒家法治和民主法治，可分别表述为"作为武功的法治"、"作为文德的法治"和"作为宪

---

① 徐复观：《中国思想史论集》，第 114、116—117 页，上海：上海书店出版社，2004 年。

政的法治"。① 此种划分和表述,在中国语境下可从历史、学理和现实三个方面来理解。从历史看,在自周代以来的发展历程中的确可发现三种治理模式,它们表现为三种呈"否定之否定"递进趋势的历史形态。具体来说,法家法治自汉朝以后在意识形态上不占主流;后世在涵容法制的同时,强化了道德对法治的主导作用或法治的道德维度,这是法家法治所不具备甚至反对的;而近代传入的西方法治,尽管在中国近代史上并未得到充分发展,但它在削弱伦理和专制作用的同时,开出了法治的民主宪政维度,这又是历史上法家法治与儒家法治实际所不具备的。从学理看,三种模式各有所本,并且在与人文主义的关系上表现出明显差异。大体上,法家法治立足人的趋利避害本性,侧重于武功,旨在富国强兵,基本不考虑人的道德和近代西方意义上人的权利;儒家法治立足人的道德本性,侧重于道德,倡导德主刑辅,力图维护道德系统,充分发挥人的道德主体作用;民主法治虽然也

---

① 参见胡水君主编:《法理学的新发展:探寻中国的政道法理》,导论,北京:中国社会科学出版社,2009 年。"文德"、"文治"、"文事"与"武功"、"武备"、"武力",是中国政治文化传统中典型的并立范畴,通常被视为政治领域中犹如"经"与"纬"的两个基本方面。这些术语在古代文献中也常被对称使用。例如,《礼记·祭法》:"文王以文治,武王以武功";《晏子春秋·问上》:"遂文德而立武功";《吴子·图国》:"内修文德,外治武备";《史记·孔子世家》:"有文事者必有武备,有武事者必有文备";《盐铁论·险固》:"地利不如人和,武力不如文德";《说苑·指武》:"圣人之治天下也,先文德而后武力";《汉书·刑法志》:"文德者,帝王之利器;威武者,文德之辅助也";《隋书·高祖上》:"刑法与礼仪同运,文德共武功俱远";《旧唐书·音乐志》:"虽以武功定天下,终当以文德绥海内。文武之道,各随其时"等。

立足人的经验和理性，但侧重在政制，着意于权力制约的外在形式和民主的法律构造，以及对以身体和生命为核心的人权和公民权利的保障。从现实看，受历史传统和外来文化的影响，三种模式在很大程度上也构成当今中国法治发展道路的重要参照或资源，甚至可以说，中国目前仍在探索的民主法治实践，同时夹杂有这三种模式的某些特质和形式。

需要指出的是，把握法家法治、儒家法治与民主法治这三种法治模式，在方法上有必要兼顾事实与学理。事实分析与学理分析实为学术研究的两条基本途径，彼此相辅相成。从具体的历史考察，可洞悉和提炼学理；而立足学理的分析，亦可发现历史发展过程中的某些局限。基于历史与学理，贺麟在《法治的类型》（1938）一文中曾将法治分为"申韩式的基于功利的法治"、"诸葛式的基于道德的法治"和"基于学术的民主式的法治"三种类型，并且认为，这些类型各成系统、不可混杂，同时它们依次"乃法治之发展必然的阶段，理则上不容许颠倒"。① 这一分类，在很大程度上确实触及了法治的历史类型及其特质，由此为概括法治的理论形态引出了一些方向。不过，在历史与学理之间，有的问题仍需进一步讨论。例如，将所谓"诸葛式的法治"视为比"申韩式的法治""较高一类型的法治"，这看上去具有以历史替代学理的

---

① 贺麟：《法治的类型》，载贺麟：《文化与人生》，第49页，北京：商务印书馆，1988年。后文相关分析中的引语均出自此篇。

趋向，多少消解了不同类型的法治基于各自的普适学理而在
现实社会生发的可能。因此，在该文得出的"基于道德学术
的法治，才是人类文化中正统的真正的法治"的结论中，已难
以找到法家法治的地位。再如，这一分类虽然有意拓展儒家
法治的空间，但所谓"诸葛式的法治"与"申韩式的法治"其
实有很多共同的形式特征，"诸葛"在历史上其实是时常作
为法家人物看待的。又如，在学理上，"学术"与"功利"、"道
德"之间在逻辑关系上其实有所交叉，"基于道德的法治"很
难说完全脱离了"学术"，而"近代民主式的法治"其实也更
多地表现于"功利"层面。

　　与贺麟提到的三种法治类型相似，在《现代社会中的法
律》(1976)中，昂格尔亦提到三种治理模式：儒家礼治、法家
法治与现代西方法治。① 在学理上，三种模式分别与昂格尔
所区分的"习惯法"、"官僚法"和"法律秩序"三种法律概念
相联系。其中，"习惯法"不具有公共性和实在性，"官僚法"

---

　　① 参见昂格尔：《现代社会中的法律》，第二章，吴玉章、周汉华
译，北京：中国政法大学出版社，1994 年。昂格尔指出，"儒家提倡回归
那种体现伦理典范的习惯礼仪，而法家主张扩充官僚政治以及强制执
行官僚法。不过双方都是从某些不言而喻的共同前提出发进行论证
的，而这些前提则根本不允许他们捍卫甚至承认现代西方意义上的法
治原则。"见该著，第 96 页。张君劢亦曾提到，"倘就尚法治习惯言之，
则儒家立场正与西方相异。欧洲自希腊至罗马，更自罗马以至中世以
至近代，有至深至长之法治习惯，贯穿其间，为吾国之所未尝见。儒家
因尚德，而忽视法治。法家所谓法，乃严刑峻法之法，与西方议会中之
法，犹薰莸之不同一器。此则法治习惯，所以为中西政治哲学分歧之界
线。"见张君劢：《新儒家政治哲学》，载张君劢：《中西印哲学文集》，第
380 页，台北：台湾学生书局，1981 年。

具备这两个特性，而与西方法治以及现代社会相联系的"法律秩序"在此之外还具有普遍性和自治性。显然，在法治的类型划分上，贺麟更多考虑了法律之外的功利目标、道德价值和政制条件，而昂格尔则更多专注于法理或法制自身的特性。这使得，在昂格尔的理论划分中，看上去相对纯粹的儒家礼治和法家官僚法治，都难以单一地适用于汉代以后德、礼、刑、政相互融合的历史。实际上，昂格尔的分析在中国只限于先秦史。昂格尔试图结合先秦史来解释，在先秦中国的社会转型过程中，儒家礼治何以只能转向法家法治而未能转向现代西方的那种法治类型。

综合而言，贺麟和昂格尔的分析都较为一致地包含了法治的三种学理类型。而且，若超出二人的分析而从总体上看，这三种类型与中国从封建贵族政治、向君主郡县政治、再向现代民主政治发展，以及从礼制、向法制、再向宪制发展的历史进程，也可粗略对应起来。此种一致性，与其说是理论巧合，不如说是相似的历史结构使然。关于"作为武功的法治"、"作为文德的法治"与"作为宪政的法治"三种法治形态的区分，也渊源于中国自古以来的历史结构，同时力图将历史与学理结合起来。这集中表现于两点。首先，此种区分并不排斥各种法治类型的历史性。在很大程度上，"作为武功的法治"以春秋战国以及秦朝奉行法治的意识形态和社会实践为事实基础；"作为文德的法治"以周代礼制以及汉至清代受儒学深层影响的法律实践为事实基础；"作为宪政的法治"则以近代以来围绕民主和民权展开的法治实践为事实基础。其次，此种区分也不否认作为理论形态的各种法治类型对历史的相对独立性。三种法治类型，虽然与中国从贵族政治、向君主政治、再向民主政治发展的历史进程有着紧密联系，但它们并不只适合作为与一定历史时期或条件不可分割的历史形态看待，而是可被视作各具学理基础、可以跨越古今的理论形态。也就是说，在现代化进程下，"作为武功的法治"、"作为文德的法治"乃至"作为宪政的法治"，未必成为历史陈迹而不再起作用，只不过，这些源于历史实践的理论类型在新的历史条件下各有其可能起作用的具体层面或领域。三种法治模式内在的学理根据，是它们突破特定历史时空的局限而在现代仍得以发挥作用的基本条件。

从学理上考量法治，需要同时引入道德哲学和政治哲学，由此，可大致分出四个层面，一是道德和功利层面，一是政治和行政层面。以道德哲学和政治哲学为横纵两轴，再进一步沿横轴区分出道德与功利两个标准，沿纵轴区分出政治与行政两个标准，就可较为清楚地辨明"作为武功的法治"、"作为文德的法治"和"作为宪政的法治"这三种法治模式的理论位置。结合实际历史来看，大体可说，法家法治或"作为武功的法治"主要是行政和功利层面的法治，儒家法治或"作为文德的法治"主要是行政和道德层面的法治，民主法治或"作为宪政的法治"主要是政治和功利层面的法治。显然，政治与道德层面的法治至今尚无对应的历史形态，而这尤其值得引起现时代人的关注。

	道　　德	功利（理性/自然）
政治	｛道德的民主法治｝	作为宪政的法治（民主法治）
行政	作为文德的法治（儒家法治）	作为武功的法治（法家法治）

法治的历史和理论形态

　　这里，对于道德、功利、政治与行政四个考量标准，需作必要的阐释和限定。"道德"，重在人的仁德或人的道德能力和努力，它与人的道德本性、道德能力、道德责任和德性认知密不可分。"功利"，则与世俗事功、权利、经验和理性相通，它主要立足人的生理本性或自然物欲。道德与功利共同实存于古今社会之中，大致对应于中国传统学术中的"义"、"利"范畴，也可视为道德与自然、道德与理性①、"德"与"道"②的差异，区分的根据主要在于道德理性与认知理性的不同。无可否认，在客观上，"作为宪政的法治"与"作为武功的法治"都可能，也需要表现出一定的道德实效。例如，法家讲"明法亲民"③，"上下之恩结"④，"至安之世，法如朝露，

---

　　① 道德理论中作为"君子"、"大人"、"圣贤"的"道德人"，不同于经济理论和民法理论里在市场或市民社会中精于计算、精心看护自我利益的"理性人"。前者是道德的，后者是理性的。

　　② "道者，人之所共由；德者，己之所独得"；"道是天地间本然之道，不是因人做工夫处说。德便是就人做工夫处说。德是行是道而实有得于吾心者，故谓之德。"见陈淳：《北溪字义》，第42页，北京：中华书局，1983年。德也是一种道；德与道的相对区分可视为两种道的不同。

　　③ 《韩非子·饰邪》。

　　④ 《韩非子·用人》。

纯朴不散,心无结怨,口无烦言"①,反对"劳苦百姓,杀戮不辜"②,认为"刑生力,力生强,强生威,威生德,德生于刑"③,"与之刑,非所以恶民,爱之本也"④。而现代理论中亦流行着以个人的自私、自爱、欲望甚至恶质能够成就社会公益和经济繁荣之类的观点。亚当·斯密在《国富论》(1776)中就曾指出,"他只是盘算他自己的安全……他所盘算的也只是他自己的利益。在这种场合,像在其他许多场合一样,他受着一只看不见的手的指导,去尽力达到一个并非他本意想要达到的目的……他追求自己的利益,往往使他能比真正出于本意的情况下更有效地促进社会的利益。"⑤此类看法同样出现在休谟、孟德维尔、李嘉图等人的著作中,黑格尔还试图通过所谓的"理性的狡计"来说明"恶"实际上是历史发展和社会进步的驱动力。尽管如此,无论是法家还是宪政主义,都缺乏一种以道德来统合法治的理想。而儒家法治虽然也包含一个外王层面,但其所充分展现出的道德人文维度,如对客观道德系统或道德律的认可、对人的道德能力的高度肯定、对美德和贤人的依赖和重视、对超验道德认知形式的诉求等,显然是法家法治与民主法治所不具备的。正是在此意

① 《韩非子·大体》。
② 《韩非子·亡征》。
③ 《商君书·说民》,并参见《商君书·去强》、《商君书·靳令》。
④ 《韩非子·心度》。《商君书·更法》:"法者所以爱民也"。
⑤ 斯密:《国民财富的性质和原因的研究》,下卷,第27页,郭大力、王亚南译,北京:商务印书馆,1974年。

义上，道德与功利可用来作为比较的考量标准，而政治和社会的理性基础与政治和社会的道德基础也因此显出差异。至于"行政"，重在管理或治理，基本上存在于各类社会；"政治"，在此则主要指民主或民权政治，也就是一些学者所认定的中国古代有道"无政"、有治道无"政道"之类判断中的"政"。① 历史地看，通过诸如游行、示威、集会、结社，特别是"一人一票"的选举等公开有序的"政治活动"乃至民权运动来达致政治和法律诉求，这在中国传统社会是缺乏的。就此而言，无论是封建贵族政制，还是君主政制，在治理上采用的都是自上而下的管制，而不具备规范的自下而上的"政治活动"形式。② 鉴于此，民主法治或"作为宪政的法治"若仅从行政或治理层面去理解是不合适的。这同时意味着，虽然法家法治与儒家法治在历史上是在君主政制下展开的，但在现代，它们作为行政层面的法治形态，未必不能涵容于民主政制之下。

从道德、功利、政治与行政四个层面对法治所作的这种审视，不仅兼及历史与学理，也有助于引入并拓展法治的道德和政治维度，从而突显现代法治的人文处境或困境。在

---

① 参见梁启超：《〈西政丛书〉叙》，载《饮冰室合集》文集之二，第63 页，上海：中华书局，1936 年。另参见钱穆：《人生十论》，载《钱宾四先生全集》，第 39 卷，第 183 页，台北：台北联经出版事业公司，1998年；牟宗三：《政道与治道》，载《牟宗三先生全集》，第 10 卷，第 1 页，台北：台北联经出版事业公司，2003 年。

② 参见胡水君：《法律与社会权力》，导论、结语，北京：中国政法大学出版社，2011 年。

此审视中，纵向的政治与横向的道德层面之间所形成的，不能为法家法治、儒家法治和民主法治所完全涵括的空格，在一定程度上昭示出现有法治形态的某些不足，同时也为法治的进一步发展和开拓留出了可能空间和方向。一如"作为武功的法治"与"作为宪政的法治"在功利层面的融通，历史上主要在行政层面起作用的"作为文德的法治"是否可能以及如何提升到政治层面，从而实现道德与政治在现代条件下的新的统合，亦值得深思。对于近一百多年长期处于文化低谷的中国来说，融会古今中外的文明成就，来作这样一种前所未有的拓展和重构，无疑具有重要历史意义。

2．中国治道：文德与武功

相对发源于西方的"作为宪政的法治"而言，"作为武功的法治"与"作为文德的法治"可谓中国自古以来的两种基本治国方式。古中国的治道源远流长，而其间总可见到这两种基本形式。

从地理和文化源起看，与长江和黄河两大流域相应，中国文化在远古即有一种南北分化的格局，并在后世大致呈现出南道北德、南法北礼的面貌，以致南北差异随着文化的交流融合逐渐被冲淡后，在儒学长期居于主导的时期，仍可发现儒法合流或"阳儒阴法"、"儒表法里"的特点。对此，梁启超的《论中国学术思想变迁之大势》（1902）、刘师培的《南北学派不同论》（1905）、谢无量的《古代政治思想研究》（1923）、蔡元培的《中国伦理学史》（1937）等著作均有阐述。① 例如，梁启超指出，"凡人群第一期之进化，必依河流而起，此万国之所同也。我中国有黄河、扬子江两大流，其位置性质各殊，故各自有其本来之文明，为独立发达之观。虽屡相调和混合，而其差别自有不可掩者。……则古昔，称先王，内其国，外夷狄，重礼文，系亲爱，守法律，畏天命，此北学之精神也。……探玄理，出世界，齐物我，平阶级，轻私爱，厌繁文，明自然，顺本性，此南学之精神也。……北派之魁，厥惟孔子；南派之魁，厥惟老子。"②南北文化差异，也表现为崇自然与尚仁德、行法术与尽人力、重智识与讲仁爱、常冷漠与多温情、遵循客观规律与开拓主观的或主体的能动性和创造性等的分别。这些既可说是"道"（自然之道）与"德"（人之仁德）的差异，也可说是两种"道"（自然律与道德律）的差异。就周公和孔子对礼义的重视，以及法家刑名之学"本于

---

① 参见梁启超：《论中国学术思想变迁之大势》，载《饮冰室合集》文集之七，上海：中华书局，1936 年；刘师培：《南北学派不同论》，载劳舒编：《刘师培学术论著》，第 133—167 页，杭州：浙江人民出版社，1998 年；谢无量：《古代政治思想研究》，上海：商务印书馆，1923年；蔡元培：《中国伦理学史》，第 30 页，上海：商务印书馆，1937 年。《礼记·中庸》上的"宽柔以教，不报无道，南方之强也。衽金革，死而不厌，北方之强也"，以及《孟子·滕文公上》上的"陈良，楚产也，悦周公、仲尼之道，北学于中国。北方之学者，未能或之先也"等话语，亦显出南北学术的分野。

② 梁启超：《论中国学术思想变迁之大势》，载《饮冰室合集》文集之七，第 17—19 页，上海：中华书局，1936 年。

黄老"①而言,法家与儒家的分野在很大程度上正表现为南北文化差异的自然延伸。当然,在先秦历史上,此种地域差别并不是固定的,法治改革其实主要发生在齐、晋、秦这样地处北方的诸侯国。这或许恰可表明,由地理影响而形成的分别,亦各有其学理根据,因而在地域界限被突破后仍得以并行或融会。由于立足于不同的学理根据,南学北学以及儒法文化呈现出不同的人文特征。就此,有学者曾提到,"北派的政见,多依据德性上的感情;南派的政见,多依据利害上的需要";"北学是人文主义,南学是自然主义"。②

　　古中国的治道,既可从地理和文化的角度审视,也可从学理和历史的角度分析。实际上,基于学理和历史来把握中国治道,是古人更为经常的思路。典型的是,鉴于秦以前的历史,古中国的治道被区分为"皇帝王霸强"五种,有时也被区分为"皇帝王霸"四种或"王霸强"三种。③ 大体而言,"皇"指三皇的无为之治,"帝"指五帝的德教,"王"指三王的仁政,"霸"亦称"伯",指五霸的法治,"强"指秦专任刑杀。关于治道的此类划分广泛流行于后世。例如,刘向认为,"政

---

　　① 《史记·老子韩非列传》:"申子之学本于黄老而主刑名";"韩非……喜刑名法术之学,而其归本于黄老"。
　　② 谢无量:《古代政治思想研究》,第3、4、27、29页,上海:商务印书馆,1923年。
　　③ 《管子》中就有这样的区分:"凡有天下者,以情伐者帝,以事伐者王,以政伐者霸"(《管子·禁藏》);"尊贤授德则帝……服忠用信则王……选士利械则霸"(《管子·幼官》);"明一者皇,察道者帝,通德者王,谋得兵胜者霸"(《管子·兵法》)。

有三品：王者之政，化之；霸者之政，威之；强者之政，胁之。夫此三者，各有所施，而化之为贵矣。"①王通也认为，"强国战兵，霸国战智，王国战义，帝国战德，皇国战无为。"②到宋代，邵雍对"皇帝王霸"作了尤为详细的对比分析。他说，"大哉，德之为大也！……不严而治，不为而成，不言而信，不令而行，顺天下之性命，育天下之生灵。其帝者之所为乎。至哉，政之为大也！……有严而治，有为而成，有言而信，有令而行，拔天下之疾苦，遂天下之生灵。其王者之所为乎。壮哉，力之为大也！……严法令于烈火，肃兵刑于秋霜。竦民听于上下，慑夷心于外荒。其霸者之所为乎"；"三王尚行者也，五霸尚言者也，尚行者必入于义，尚言者必入于利也。"③这些不同的治

①　《说苑·政理》。陈子昂在《谏用刑书》中亦提到，"古之御天下者，其政有三。王者化之，用仁义也；霸者威之，用权智也；强者胁之，务刑罚也。"见陈子昂：《陈子昂集》，第214—215页，北京：中华书局，1960年。

②　《文中子·问易》。

③　邵雍：《邵雍集》，第547、556页，北京：中华书局，2010年。邵雍还提到，"三皇同意而异化，五帝同言而异教，三王同象而异劝，五伯同数而异率。同意而异化者必以道。以道化民者，民亦以道归之，故尚自然。夫自然者，无为无有之谓也。……广大悉备，而不固为固有者，其惟三皇乎？……三皇同仁而异化，五帝同礼而异教，三王同义而异劝，五伯同智而异率。同礼而异教者必以德。以德教民者，民亦以德归之，故尚让。夫让也者，先人后己之谓也。……能知其天下之天下非己之天下者，其惟五帝乎？……三皇同性而异化，五帝同情而异教，三王同形而异劝，五伯同体而异率。同形而异劝者必以功。以功劝民者，民亦以功归之，故尚政。夫政也者，正也……王者，正也。……三皇同圣而异化，五帝同贤而异教，三王同才而异劝，五伯同术而异率。同术而异率者必以力。以力率民者，民亦以力归之，故尚争。夫争也者，争夫利者也。……五伯者，借虚名以争实利者也。帝不足则王，王不足则伯，伯又不足则夷狄矣。然则五伯不谓无功于中国，语其王则未也，过夷狄则远矣。"见该著，第13—16页。

道，既以历史上的道德和政治实践为事实基础，也在学理上各自表现出侧重自然、礼让、德政、利争、兵战，或者，侧重无为、德、义、智、兵的特征。在从"皇"到"帝"到"王"到"霸"再到"强"的历史演化过程中，可明显看到从德教、仁政向法治、刑杀的转变。因此，"德"与"刑"还被更为概括地提炼出来，成为判定和区分"皇帝王霸强"这些不同治道的两个基本考量标准。刘向指出，"治国有二机，刑、德是也。王者尚其德而布其刑，霸者刑德并凑，强国先其刑而后德。夫刑德者，化之所由兴也。德者，养善而进阙者也；刑者，惩恶而禁后者也。"①桓范也指出，"夫治国之本有二，刑也，德也。二者相须而行，相待而成也。……故任德多、用刑少者，五帝也；刑德相半者，三王也；杖刑多、任德少者，五霸也；纯用刑、强而亡者，秦也。"②这种以德与刑之间的主次、先后、多少关系来分析判断不同的治道，是中国传统政治哲学的主要特点。无论是先秦儒家和法家，还是古中国后来的各种政治和法律理论，其实无不是围绕"德"、"刑"及其相互关系来展开的，由此生成了一幅分别以"德"与"刑"为纵横两轴的中国治道图式。

历史上所谓"无治"、"人治"、"德治"、"礼治"、"法治"等各类政治主张，③以及儒家所谓的"大同"和"小康"政治理

---

① 《说苑·政理》。
② 桓范：《世要论》，《全三国文》卷三十七。另见《群书治要·政要论》。
③ 参见梁启超：《先秦政治思想史》及附录"先秦政治思想"，《饮冰室合集》专集之五十，上海：中华书局，1936年。

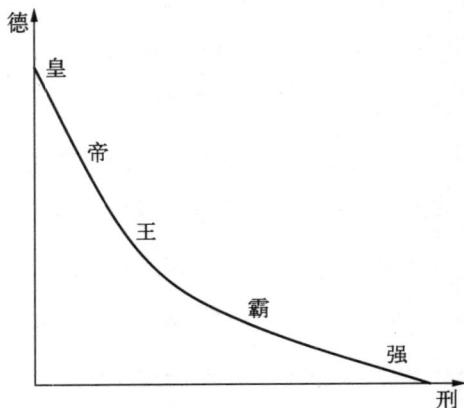

中国治道

想、法家所谓的"上古竞于道德,中世逐于智谋,当今争于气力"历史观,①都可涵括于这一图式。而且,这一图式虽然主要基于秦以前的历史总结而成,但也未尝不可适用于秦之后的历史。事实上,此后历朝的政治和法律实践从未逾越其范围,终究不过是在"王""霸"之间摇摆而已。这一图式还显示出,除了以秦为代表的"弃道而用权,废德而任力,峭法盛刑"②的"强道",以及上古不靠刑法而靠习俗形成无为而治的"皇道"之外,其他治道的关键其实只在于"德"与"刑"在政治领域中所占的比重或地位。从秦之后历朝的实践看,朴素无为的"皇道"与专任刑罚的"强道",都只作为理想的或需要避免的极端形式存在,"刑"与"德"始终是治理实践不

①　参见《礼记·礼运》、《韩非子·五蠹》。
②　《盐铁论·非鞅》。

可或缺的两个要素，实际的治道通常沿着"王道"上下漂移，时而推崇"帝道"，时而偏向"霸道"。就此而论，尽管"德"一直是儒学中最重要的主体内容，但"刑"或法制远不是对传统社会长期起主导作用的儒学所忽略的要素。在古中国，"德"与"刑"，就如同"阳"与"阴"一样，是并立于中国传统政治及其哲学中的一对基本范畴，是古中国文治武功的两个基本方面。正所谓"刑德皇皇，日月相望，以明其当。望失其当，环视其殃。天德皇皇，非刑不行；缪缪天刑，非德必倾。刑德相养，逆顺若成。刑晦而德明，刑阴而德阳，刑微而德章"①；"阳为德，阴为刑……德始于春，长于夏。刑始于秋，流于冬。刑德不失，四时如一。刑德离乡，时乃逆行"②；"礼乐刑政，四达而不悖，则王道备矣"③。

从"德"与"刑"在古代治理中的这种基础地位来看，刑或法律，不仅是法家法治主张的核心范畴，也是儒学的基本概念。在儒法争论中，否弃仁德而专任刑法的观点在法家那里甚为常见，而儒家虽然对刑法有一定贬抑，力主道德教化、先德后刑，倡导尽可能少地动用刑罚，并期望"刑措"、"无讼"的理想状态，但基本上没有在现实中完全否定、摈弃刑或

---

① 《黄帝四经·十大经·姓争》。
② 《管子·四时》。
③ 《礼记·乐记》；《汉书·礼乐志》。类似话语还有："亡刑则礼不独施。大道废焉，则刑礼俱错。大道行焉，则刑礼俱兴。不合而成，未之有也"（《艺文类聚·刑法部》）；"政之大经，法教而已矣。教者阳之化也，法者阴之符也"（《申鉴·政体》）。

法律的观念。其实，在儒学成为主导的意识形态之后，一直流行着"为政无能错刑"①、"莫不贵仁，而无能纯仁以致治；莫不贱刑，而无能废刑以整民也"②、"自古有天下者，虽圣帝明王，不能去刑法以为治"③、"法制禁令，王者之所不废，而非所以为治也"④、"刑为盛世所不能废，而亦盛世所不尚"⑤之类的话语。孔子讲"道之以政，齐之以刑，民免而无耻；道之以德，齐之以礼，有耻且格"⑥，"礼乐不兴，则刑罚不中。刑罚不中，则民无所措手足"⑦，在很大程度上也表明了一种德举刑备的态度。有人因此认为，"昔孔子作《春秋》，褒齐桓，懿晋文，叹管仲之功，夫岂不美文武之道哉？"⑧凡此皆为开掘儒学中的法治因素提供了可能。如果将法家一任于法的主张视为一种典型的法治理论，那么，在儒学所支持的"王道"和"帝道"中，其实也包含有一种始终不脱离刑或法的法治理论，只不过，它是一种受制于道德的法治理论，或者，相对于法家的纯粹法治而言，是一种复合的法治理论，其间不仅有法律因素，更包含有仁德礼义等因素。这也正是通常以

---

① 《抱朴子·用刑》。
② 同上。
③ 《元史·刑法一》。
④ 顾炎武：《日知录·法制》。
⑤ 《四库全书总目提要·政书类》按语。类似话语还有："治国之道，所养有二：一曰养德，二曰养力。……此所谓文武张设，德力具足者也。……夫德不可独任以治国，力不可直任以御敌也"（《论衡·非韩》）；"刑罚不可驰于国，笞捶不得废于家"（《唐律疏议》卷一）。
⑥ 《论语·为政》。
⑦ 《论语·子路》。
⑧ 崔寔：《政论》，《后汉书·崔骃列传》。

"内圣外王"来指称儒家治道的原因所在。在此意义上，受
到儒学支配和影响、融合典章制度与道德律的治理，就其道
德侧重而言堪称为"作为文德的法治"；而避开"德"，侧重
利、法、兵、国乃至"道"的法家法治则适合被称为"作为武功
的法治"，它们在中国治道图式中各占一半，表现为"王道"
的上下两个部分。

　　总之，无论是就南北地理文化差异而言，还是就"皇帝王
霸强"五种治道形态以及"德""刑"两种基本考量标准而言，
侧重于"德"的"作为文德的法治"与侧重于"刑"的"作为武功
的法治"，正可谓绵延长久的中国传统治道的两种基本样式。

3. 西方法治：权利与宪政

　　与中国治道对比观察，作为现代文明的西方政治和法
治，表现出一些新的方向和维度。这在人文主义视野下显得
尤为分明。大体可以说，西方法治是一种为理性人文主义所
主导的治道。"作为宪政的法治"，具有与法家法治一样的
客观、严格和冷峻特点，由此使得人际关系在现代社会更多
地表现为生冷清晰的法律关系，而不是更为温情模糊的道德
关系。确定、透明、严格的法律形式，有助于社会交往持续、
稳定而客观地向外扩展，形成更大规模的现代经济、政治和
社会体系，从而收到与法家的"武功"相同的外在富强功效。
不仅于此，与法家法治不同的是，"作为宪政的法治"通过对

人权和公民权利的构造和保障,造就了现代国家和政治权力据以存续的合理基础,由此引申出现代政治和法治的理性和人道向度,避开了法家法治的价值缺失。保障人权和公民权利的价值取向,终究带来公民自下而上针对政治权力和国家权力的常规政治运动和民主政治形式的发育和兴起,由此也使得"作为宪政的法治"具有明显的政治维度,这是历史上的法家法治和儒家法治所不具备的。凡此都可谓理性人文主义的突出表现。不过,在赋予现代政治和法治以权利导向和理性价值的同时,"作为宪政的法治"并不以传统社会的道德系统为依归,而是表现出拒斥法律道德主义的鲜明倾向,就这一点而言,"作为文德的法治"所透显出的道德人文主义,是"作为宪政的法治"所缺乏乃至反对的。历史地看,以人的权利和自由为基点、围绕保障权利和限制权力而展开宪政设计的民主法治,构成了现代自由主义政治哲学的要义核心。对"作为宪政的法治"的历史和学理把握,适合沿着自由主义的理路深入。

    法治观念在西方历史久远。早在古希腊,亚里士多德就曾对"法治"提出过两个著名论断:"法律的统治优于任何个人的统治";"法治应包含两重意义:已成立的法律获得普遍的服从,而大家所服从的法律又应该本身是制订得良好的法律"。① 13

——————————

① 参见亚里士多德:《政治学》,第 167—168、199 页,吴寿彭译,北京:商务印书馆,1965 年。

世纪,布莱克顿讲过这样的话:"国王自己不应受制于人,但应受制于上帝和法律,因为法律使他成为国王",英国大法官柯克在 1610 年的一个案件中专门援引了这句话。① 这些论断和话语为"作为宪政的法治"的产生提供了一定的观念条件,其中所蕴涵的法律之治优于人治或君主个人之治、平等守法、制订得良好的法律之治等内容,基本上都为现代法治所吸纳。从思想史上看,洛克在《政府论》中其实已提出相当丰富的自由法治或民主法治思想,这体现在权力分立、确定规则、个人权利、意志自由等多个方面。只是,由于戴西在《英宪精义》(1885)中曾对法治作出专门界定,而且这一界定对后世影响较大,人们通常把现代意义上的法治概念归于戴西。

戴西这样界定"法治":"构成宪法基本原则的所谓'法治'有三层涵义,或者说可以从三个不同的角度来看。首先,法治意味着,与专断权力的影响相对,正规的法律至高无上或居于主导,并且排除政府方面的反复无常、特权乃至宽泛的自由裁量权的存在。英国人受法律的统治,并且只受法律的统治;我们中的某人可能会因为违犯法律而遭受惩罚,但他并不能因为除此之外的任何别的事情而遭受惩罚。其次,法治意味着法律面前的平等,或者,意味着所有的阶层平等

① 参见斯托纳:《普通法与自由主义理论》,第 48 页,姚中秋译,北京:北京大学出版社,2005 年。

地服从由普通的法院执掌的国土上的普通的法律；此种意义上的'法治'排斥这样的观念，即，官员或另类人可以不承担服从管治着其他公民的法律的义务，或者，可以不受普通审判机构的管辖……最后，法治可以用作如下事实的表达式，即，对于我们而言，宪法性法律，这在英国以外的国家是自然地构成为宪法典组成部分的那些规则，不是个人权利的来源，而是其结果，并且由法院界定和实施……"①不难看出，戴西主要从对政府权力的法律约束、对个人权利的法律保护、官民共同而平等地遵守法律这三个方面来揭示法治的内涵。这样一种界定可大致被看作一种以个人权利为基础的（rights-based）自由法治主张，它在自由主义法治思想脉络中是承上启下的。作为英国的辉格党人，戴西在他所界定的法治概念中透露出较为明显的自由主义倾向。这集中表现在，戴西对法治的界定是在个人权利与国家权力的二元框架下作出的，中间蕴涵着个人免受政府自由裁量权干扰的消极自由观念，也蕴涵着辉格党人的这样一种见解：政府的自由裁量权必定减损个人自由。由此，可以戴西所界定的法治概念为切入口，主要从个人权利和国家权力两个方面，来分析自由法治或民主法治的基本学理。

（一）个人权利是法律的来源。如果说在霍布斯那里，

---

① Albert Venn Dicey, *Introduction to the Study of the Law of the Constitution*, London：Macmillan, 1959, pp. 202－203.

已表现出自然权利对法律的优先性，在洛克那里，自然权利同样是与自然法紧密联系的，那么，在戴西关于法治的界定中，个人权利优先于法则是更为明确的。实际上，在戴西之前，1610 年，柯克在一份案件报告中即已指明这一关系："实在法，包括宪法在内，不是人权的来源，而是人权的结果。"①柯克之后，17 世纪的洛克、18 世纪的布莱克斯通和 19 世纪的戴西都认可法律与个人权利和自由之间的这种一致性。不过，在政治现实中，法律至少在形式上也源于政治权力，而政治权力有可能通过法律来限制乃至剥夺个人权利和自由，鉴于此，霍布斯、边沁等人强调了作为禁令发布并以惩罚保障的法律与不受羁缚的个人自由之间的明显冲突，并由此开启了后来的法律实证主义。那么，明显对个人构成一定约束的法律何以会成为个人权利和自由的保障手段？对此，洛克的看法是这样的："法律按其真正的含义而言与其说是限制还不如说是指导一个自由而有智慧的人去追求他的正当利益，它并不在受这法律约束的人们的一般福利范围之外作出规定。……法律的目的不是废除或限制自由，而是保护和扩大自由。这是因为在一切能够接受法律支配的人类的状态中，哪里没有法律，那里就没有自由。这是因为自由意味着不受他人的束缚和强暴，而哪里没有法律，哪里就不能有这

① 转见弗莱纳：《法治在西方主要法律传统中的历史发展——从中世纪法律至上观念到现代法治观念》，载夏勇、李林、弗莱纳主编：《法治与 21 世纪》，第 9、333 页，北京：社会科学文献出版社，2004 年。

种自由。但是自由……并非人人爱怎样就可怎样的那种自由（当其他任何人的一时高兴可以支配一个人的时候，谁能自由呢？），而是在他所受约束的法律许可范围内，随其所欲地处置或安排他的人身、行动、财富和他的全部财产的那种自由，在这个范围内他不受另一个人的任意意志的支配，而是可以自由地遵循他自己的意志。"①

在洛克的看法中，法律对自由的限制与法律对自由的保护是统一在一起的。一方面，法律限制不是为了取消自由，而是为了保护个人权利和自由，正如后来富兰克林所说的，"表面的限制可能是真正的保护"；另一方面，自由只是法律之下的自由，没有法律就没有自由。也就是说，法律必须以保护个人权利和自由为目标，而要平等保护所有个人的自由又需要对自由给予适当的限制。法律与自由之间的这样一种相反相成的关系，是现代法治观的一种基本认识。那么，法律又究竟应当如何限制个人的自由？对此问题，密尔进一步提出了著名的"自由条件"或"损害原则"："一条极其简单的原则，使凡属社会以强制和控制方法对付个人之事，不论所用手段是法律惩罚方式下的物质力量或者是公众意见下的道德压力，都要绝对以它为准绳。这条原则就是：人类所以有理有权可以各别地或者集体地对其中任何分子的行动

① 洛克：《政府论》，下册，第35—36页，叶启芳、瞿菊农译，北京：商务印书馆，1964年。

自由进行干涉，唯一的目的只是自我防卫。这就是说，对于文明群体中的任一成员，所以能够施用一种权力以反其意志而不失为正当，唯一的目的只是要防止对他人的危害。"①

　　与洛克提到的法律的自由价值目标相比，密尔提出的这样一条法律限制自由的唯一原则显得更为具体。在现代法治思想中，如果说洛克提出了法律的自由价值，密尔进一步提出了法律限制自由的具体原则，那么，作为法学家的戴西在此之外还实际涉及了法律的性质对于法治的重要性。戴西是在英国的普通法传统这一大的背景下提出法治概念的，因此，在戴西看来，那种与专断、自由裁量权相对的法治是英国以及继承了英国传统的那些国家（如美国）所独有的。②此后，哈耶克通过"法律"与"立法"（legislation）的区分更加深入地阐释了这一问题。哈耶克同样认可法律对于保障个人自由的重要性，甚至把"法律与自由彼此不能分开"视为西方从古到今的一种"伟大传统"，不过，哈耶克所说的能够保障个人自由的法律不是指"立法"，即，"有目的的法律规定"，而是指独立于任何共同目的的"自发秩序规则"。哈耶克所说的"自发秩序规则"与"立法"的区分在一定程度上类似于英美普通法与欧洲大陆制定法的区分。在哈耶克看来，

---

　　①　密尔：《论自由》，第9—10页，程崇华译，北京：商务印书馆，1959年。

　　②　参见 Albert Venn Dicey, *Introduction to the Study of the Law of the Constitution*, London：Macmillan, 1959, p. 188。

只有"法律家法"（layer's law）、"法律"才是个人自由的保障，而"立法"以及与之相应的"法律国家"乃是个人自由的严重威胁。就此而言，虽然同样重视法律的作用，但自由民主法治与使法律从属于国家权力而不从属于个人权利的"法律国家"体制是极为不同乃至敌对的。

（二）国家权力受制于法律。在自由主义政治哲学中，法律与个人自由是相通的，也就是，法律并不必定与个人自由相对立，而是可用来保护个人自由。一般而言，法律对个人权利的保护，主要有两种方式，一是在法律的制定和实施过程中把保护个人权利和自由确立为价值目标和主要内容；二是严格控制和约束国家权力。由于国家权力在自由社会中对个人权利构成最大威胁，对国家权力的控制和约束，本身就是对个人权利和自由的保障。虽然相对于法律直接确认和保护个人权利而言，通过控制和约束国家权力来保障个人权利和自由显得更为间接乃至消极，但这种保障比法律直接确认和保护个人权利的方式更为有力、更具实效。因此，戴西在《英宪精义》中把法治摆在恣肆妄为、反复无常的专断权力的对立面，强调了法律的至上地位以及法院、政府及其官员服从法律、以法律为根据的必要性。很多自由主义者在论及法治时，首先强调的也是对国家权力或政府权力的控制和约束，甚至，在狭义上，所谓的"法治"指的就是通过法律约束国家权力，在消极自由观下尤其如此。例如，霍布豪斯提到，"自由统治的首要条件是：不是由统治者独断独行，而是由明文规定的法律实行统治，统治者本人也必须遵守法律。"①哈耶克也认为，法治"意味着政府的一切行动都受到预先确定并宣布的规则的约束——这些规则使得个人有可能确定无疑地预见当局在规定情形下怎样行使其强制权力以及根据这种知识安排其个人事务……它并不是指每件事情都要由法律规定，而是指政府的强制权力只能在事先由法律限定的那些情况下，并按照可以预知的方式行使"②；"法治意味着，政府除了实施众所周知的规则外，不得对个人实施强制，它构成了对政府一切权力的限制，包括对立法权的限制。"③德沃金同样指出，"法律实践最抽象和最基本的要义在于指引和限制政府权力……法律要求，权力只有依照已往的判决为个人权利和义务所许可或必需，才能被行使或保留。法律概念的这一特点以适当的虚幻形式表明了时常被称为'法治'的那种东西。"④还有人提到，"法治的核心在于这样一种理念，即，政府不应以一种专断的方式行使其权力。"⑤

---

① 霍布豪斯：《自由主义》，第 9 页，朱曾汶译，北京：商务印书馆，1996 年。

② F. A. von Hayek, *The Road to Serfdom*, Chicago：The University of Chicago Press, 1944, pp. 72, 83 - 84.

③ F. A. von Hayek, *The Constitution of Liberty*, Chicago：The University of Chicago Press, 1960, p. 205.

④ Ronald Dworkin, *A Matter of Principle*, Cambridge, MA：Harvard University press, 1985, p. 93.

⑤ Andrew Altman, *Arguing about Law: An Introduction to Legal Philosophy*, Belmont：Wadsworth Publishing Company, 1996, p. 3. 在该著中，作者将法治归结为五项原则：政府处于法律之下，政府依照规则治理，法律规则具备公开、明确、稳定、可预期、严格而平等适用、可行、一致等形式特征，正当程序，人民依法主权。

而且，就法治与国家权力的关系而言，法治并不仅仅意味着国家权力的运行必须依从法律，而且还包含着国家权力必须受到有效规范和限制，以使国家权力不至于无限地强大和集中到超越法律和侵犯个人权利的地步。因此，"作为宪政的法治"与国家权力分立和制衡是紧密联系在一起的。洛克就曾断言，法律的制定和执行如果集于一权，个人自由就没有保障。法国《人权和公民权利宣言》也断定，权力不分立和权利无保障的国家毫无宪法可言。鉴于此，国家权力的分立和制衡要么被人直接视为现代法治的题中之义，要么被人看作现代法治的政治基石。从历史看，自由民主法治传统是在限制和约束国王权力以及国家权力的政治斗争中逐渐形成的。这在自由主义最为典型的英国尤为明显。1215年，经过斗争，英国贵族与国王约翰达成妥协，迫使国王签署了《大宪章》。这一文献被视为法治历史进程中具有奠基意义的"第一部宪法性文献"。该文献第39条规定，"凡自由民，除非经其贵族依法判决或遵照国内法律，不遭受逮捕、监禁、没收财产、剥夺法律保护权、放逐、或任何方式的损害"。在一定程度上，这一条款触及了正当法律程序和罪刑法定等法治内容，尽管这种触及还很粗浅。1265年，英国议会产生。这一最初用来扩展国王权力的机构在政治上逐渐发展成为国王权力最强有力的对手，贵族与国王之间的权力制衡斗争到17世纪也最终发展成为议会主权，经过"光荣革命"后，英国成为一个君主立宪国家。在此政治权力斗争中，法律在国王、议会和普通法院之间是不断摆动和磨合的。在签署后的 200 多年里，《大宪章》被修改 37 次，由此可见法律在限制和约束国王权力过程中的起伏波动。17 世纪初，国王试图代替法院司法的企图遭到首席大法官柯克的抵制，不仅如此，柯克也试图把普通法置于议会立法之上。这种普通法至上的观念在 17 世纪不仅使得英国通过《人身保护法》(1640)、《大抗议书》(1641)、《人身保护法修正案》(1679)、《权利宣言》(1688)、《权利法案》等一系列法律文献进一步朝限制国王权力、保护公民自由的方向发展，也使得英国通过《威斯敏斯特议会宣言》(1660)消解了议会干预行政和司法的权力，并努力避免专断的政府权力侵犯人民的自由。英国历史上的这种法律至上、限制和约束国家权力的法治在此后的政治和法律实践中不断得以巩固，并为洛克、戴西等人深入阐发。

不过，戴西所界定法治概念的普通法角度也限制了戴西的视野。从界定的内容看，戴西提到的法治概念主要涉及从个人权利出发来通过法律约束政府、法院及其官员的行为；而从《英宪精义》的整体内容看，戴西的法治概念实际上是与"议会主权"相伴随的。戴西提到，在英国宪法下，议会有权制定或不制定任何法律，而英国法律并不认可任何人或机构有权推翻议会的立法，①一些人由此还把"议会主权"列为

① 参见 Albert Venn Dicey, *Introduction to the Study of the Law of the Constitution*, London：Macmillan, 1959, pp. 39 - 40。

戴西所界定的法治概念的第四项内容。但是，戴西对于议会立法何以成为个人自由的保障而不成为对个人自由的侵犯，并没有作出有力的解释，而后世学者更多地是把"议会主权"作为法治的主要对立面看待，有人甚至提出这样的批评："如果议会……能够在任何时候改变任何法律……那么，法治就只是一个糟糕的玩笑。"①从自由主义的视角看，戴西对法治的界定基本上是循着古典自由主义的进路展开的，其中的三项内容分别体现了自由放任、形式平等、遵循先例这三个特点。而实际上，无论是在理论发展还是在政治现实上，这些特点在戴西及其以后的时代都在发生变化。早在《政府片论》(1776)中，边沁对布莱克斯通有关普通法的解释即已提出批评，并大力倡导立法和法典编纂。在此后的历史中，议会立法的确是越来越多，以至于戴西在 20 世纪早期修订《英宪精义》时，感叹法治正在走向衰落。而且，随着社会的发展，不仅议会立法在增加，自由放任、形式平等、消极自由、自由国家在很大程度上也日渐向政府干预、社会正义、积极自由、福利国家转变，自由主义由此也进入所谓的"后自由主义"阶段。与此相应，自由民主法治在形式上也明显从以个人权利为基础转向以规则典章(rule-book)为基础。② 因此，后世有关法治

---

① Geoffrey de Q Walker, *The Rule of Law: Foundation of Constitutional Democracy*, Melbourne：Melbourne University Press, 1988, p. 159.

② 参见 Ronald Dworkin, *A Matter of Principle*, Cambridge, MA：Harvard University press, 1985, pp. 11 - 12。

的界定主要集中于规则的形式属性和特征方面。

其实，在戴西之前，洛克对规则的一些形式要求已有涉及。例如，他说，"谁握有国家的立法权和最高权力，谁就应该以既定的、向全国人民公布周知的、经常有效的法律，而不是以临时的命令来实行统治；应该由公正无私的法官根据这些法律来裁判纠纷；并且只是对内为了执行这些法律，对外为了防止或索偿外国所造成的损害，以及为了保障社会不受入侵和侵略，才得使用社会的力量。而这一切都没有别的目的，只是为了人民的和平、安全和公众福利。"①显然，洛克已经提到法律应当确定、公开、稳定等要素。然而，有关规则的这样一些形式要求被戴西的普通法视角遮蔽了，至少没有引起戴西的足够重视，因此，有人批评戴西在法治观念上对后人造成了一定误导。后来，哈耶克、富勒、罗尔斯、拉兹、菲尼斯等众多学者都主要是从法律规则的形式属性方面来界定法治的。例如，哈耶克把法律表述为"普遍的正当行为规则"、"一般性的抽象行为规则"，认为"法治之法"具备一般、抽象、普遍、平等、确定等属性。富勒把法治归结为对法律的这样八项要求：一般，公布，不溯既往，明确，无内在矛盾，可行，稳定，规定与实施一致。② 罗尔斯把法治与"作为规则的

① 洛克：《政府论》，下册，第 80 页，叶启芳、瞿菊农译，北京：商务印书馆，1964 年。
② 富勒：《法律的道德性》，第 55—107 页，郑戈译，北京：商务印书馆，2005 年。

正义"紧密联系起来,认为法律应当公开、可行、明确、普遍、不溯既往、罪刑法定、类似案件类似处理、通过正当程序施行等。① 拉兹也把法治归结为八项原则：法律应当是可预期、公开和明确的,法律应当是相对稳定的,特定法的制定应当受公开、稳定、明确而又一般的规则指引,司法必须独立,审判必须公开、公正、不偏不倚,法院应当享有依法适当审察其他权力的权力,法院应当容易接近,刑事机构的自由裁量权不得滥用。② 菲尼斯同样对法治的八项原则作了归纳：规则是可预期、不溯既往的,规则是可行的,规则是公布的,规则是清楚的,规则是相互一致的,规则足够稳定以使人们知所避就,具体法令和命令的制定受公布的、清楚的、稳定的和较为一般的规则的指引,严格公正地实行法律。③ 对所有强调规则属性的这些学者来说,只要法律规则达到了这样一些要求,它就能够有效制约国家权力并保障个人权利。换言之,现代法治从个人权利转向规则典章,并不意味着个人权利与规则典章是对立的,应该说,有关规则典章的一系列形式要求是约束国家权力、实现个人权利的具体而实在的方式。而且,通过把法治建立在规则基础上,其实也是在削弱乃至抵制道

---

① 罗尔斯：《正义论》,第225—233页,何怀宏等译,北京：中国社会科学出版社,1988年。

② 参见 Joseph Raz, *The Authority of Law: Essays on Law and Morality*, Oxford：Oxford University Press, 2009, pp. 210 – 229。

③ 参见 John Finnis, *Natural Law and Natural Rights*, Oxford：Clarenden Press, 1980, pp. 270 – 273。

德的法律强制。现代新自然法学的一些代表人物，即使仍坚持法律与道德之间的联系，但他们已很少再如古代自然法学者那样直接强调法律的实质意义上的道德前提，而是主要通过规则把政治和法律实践奠定在一种"稀薄的"道德理论之上。把法治建立在形式规则基础上，很大程度上意味着法治只是一种政治理念，而并非道德意义上的"善法（good law）之治"，这与法律道德主义在现代社会受到排斥是一致的。①

4. 法治与道德政治

如果说法家法治主要受到富国强兵的功利目标的主导，而基于人趋利避害之生理本性的功利逻辑，很容易使人沦为达致功利目标的手段而丧失其主体地位和价值，那么，自由民主法治则通过人权取向，赋予统治和治理以理性价值，实现了价值与逻辑的高度统一。这是一种使国家或政治权力"合理化"并由此得以在现代社会与人权和公民权利相互加强的现代文明。尽管法家法治与民主法治表现出"功利"与"权利"的不同，在非道德化这一点上，二者又具有共同的立场，因而都与"作为文德的法治"保持着距离乃至张力。统合起来看，由"作为武功的法治"、"作为宪政的法治"与"作为文德的法

---

① 参见胡水君：《自由主义法律哲学：一个研究和批评》，《法哲学与法社会学论丛》2006 年第 2 期；胡水君：《法律的政治分析》，第189—191 页，北京：北京大学出版社，2005 年。

治"这三种历史类型,可明显见出自然政治与道德政治,或者,"道"与"德"的区分。就认知和人性基点而言,法家理论与近代西方经典主要从人的物理认知和生理本性出发,由此展开的政治可谓自然政治,从属于自然系统;而儒学则始终不离人的道德善性、道德能力、道德责任和德性之知,由此展开的政治可谓道德政治,从属于道德系统。中国文化,就其精神实质而言主要是一种德性文化。它并不忽视人的自然本性和理性以及与此相应的自然系统,但侧重在道德本性和道德系统,表现在治道上,就是既讲"致治之道",也讲"惟德是视"。而且,从"外王"经"内圣"通出看,人之仁德正可谓"致治之道"的根本。

在总结历史时,司马光曾反复谈到中国政治文化传统中的这样一种"道""德"结构。他说,"人君之德三:曰仁,曰明,曰武。致治之道三:曰任官,曰信赏,曰必罚。……夫治乱、安危、存亡之本源,皆在人君之心。仁、明、武,所出于内者也。用人、赏功、罚罪,所施于外者也。出于内者,虽有厚有薄,有多有寡,禀之自天然,好学则知所宜从,力行则光美日新矣。施于外者,施之当,则保其治,保其安,保其存;不当则至于乱,至于危,至于亡,行之由己者也。……有功则赏,有罪则罚。其人果贤能,虽仇必用;其人苟庸愚,虽亲必弃。赏必有所劝,罚必有所惩。赏不以喜,罚不以怒。赏不厚于所爱,罚不重于所憎,必与一国之人同其好恶。"①司马光还

---

① 司马光:《进修心治国之要劄子》,《司马温公文集》卷七。

说，"治乱之道，古今一贯。历年之期，惟德是视而已……心不入德义，性不受法则，舍道以趋恶，弃礼以纵欲，谗谄者用，正直者诛，荒淫无厌，刑杀无度，神怒不顾，民怨不知，如是而有敌国则敌国丧之，无敌国则下民叛之，祸不外来，必自内兴矣。……夫道有失得，故政有治乱；德有高下，故功有小大；才有美恶，故世有兴衰。上自生民之初，下逮天地之末，有国家者，虽变化万端，不外是矣。"①从这些话语，不难察觉中国传统治道中诸如内外、文武、人法、德刑、赏罚之类的对称因素，更可看到"德"在治理中的根本地位。在以儒学为主导意识形态的传统社会，中国法律实践长期受到"德"的这种基础性影响或支配，形成了一种具有兼具"道"与"德"、"德"与"刑"的立体复合结构的"作为文德的法治"，由此避免了纯粹法家法治的道德价值缺失。对此，钱穆有这样的评判："中国自秦以下之政治，本为儒、吏分行之政治，亦即法、教分行之政治"，"凡使中国传统政治之不陷于偏霸功利，而有长治久安之局者，厥惟儒家之功。"②

---

① 司马光：《历年图序》，《稽古录》卷十六。在这篇序中，司马光曾提到，"人君之道有一，其德有三，其才有五。何谓人君之道一？曰：用人是也。……为之高爵厚禄，以劝其勤；为之严刑重诛，以惩其慢。赏不私于好恶，刑不迁于喜怒……何谓人君之德三？曰仁，曰明，曰武。仁者，非妪煦姑息之谓也。兴教化，修政治，养百姓，利万物，然后可以为仁。明者，非巧谲苛察之谓也。知道义，识安危，别贤愚，辨是非，然后可以为明。武者，非强亢暴戾之谓也。惟道之所在，断之不疑，奸不能惑，佞不能移，然后可以为武。……何谓人君之才五？曰创业，曰守成，曰陵夷，曰中兴，曰乱亡。"

② 钱穆：《政学私言》，载《钱宾四先生全集》，第40卷，第103页，台北：台北联经出版事业公司，1998年。

大体而言，立足人的仁德来开展政治和法律实践，是"作为文德的法治"的基本特征。其特质可归结为"德主刑辅"或"德本刑末"。① 这主要有三点具体表现。其一，以仁德为根本，而以法律为不得已也不可废的治世工具，强调"先德而后刑"。② 例如，"德礼为政教之本，刑罚为政教之用，犹昏晓阳秋，相须而成者也"③；"法令者，治之具，而非制治清浊之源也"④；"仁义礼制者，治之本也；法令刑罚者，治之末也。无本者不立，无末者不成。……先仁而后法，先教而后刑，是治之先后者也"⑤；"明其刑不如厚其德也"⑥。其二，明刑弼教，以"德"主导法律实践，以"刑"维护德教。例如，"刑者，

---

① 关于"德主刑辅"，可参见杨鸿烈：《中国法律思想史》，下册，第27—88 页，上海：商务印书馆，1936 年；卢建荣：《使民无讼·朴作教刑——帝制中国的德治与法治思想》，载刘岱总主编：《中国文化新论·思想篇·理想与现实》，第159—207 页，台北：台北联经出版事业公司，1983 年。

② 参见《黄帝四经·十大经·观》、《盐铁论·论灾》、《说苑·政理》、《文中子·事君》、《大学衍义》卷二十五等。

③ 《唐律疏议》卷一。

④ 《汉书·酷吏传》。《盐铁论·论灾》亦云："法令者，治恶之具也，而非至治之风也。是以古者明王茂其德而缓其刑罚也。"

⑤ 《群书治要·袁子正书·礼政》。类似话语还有："教，政之本也；狱，政之末也"（《春秋繁露·精华》）；"天之为岁也，先春而后秋；君之为治也，先礼而后刑。春以生长为德，秋以杀戮为功。礼以教训为美，刑以威严为用。故先生而后杀，天之为威；先教而后罚，君之为治也"（《艺文类聚·刑法部》）；"仁恩以为情性，礼义以为纲纪，养化以为本，明刑以为助"（《隋书·刑法志》）；"德其本也，刑其末也。是故不得已而后用刑。初未尝以之专造天下也，而圣人至于无已而用刑也。必本之以钦恤，行之以哀矜。……盖德以刑而辅，刑以德而去。此所谓圣人尚德而不尚刑也。不尚刑，体天也"（苏伯衡：《问刑》，《皇明文衡》卷二十四）。

⑥ 《群书治要·袁子正书·厚德》。

德之辅"①；"刑所以弼教，非竟以刑为教也"②。其三，"德"与"刑"具有不同功效，适用于不同时期或领域。例如，"刑罚者，治乱之药石也；德政者，兴平之粱肉也。夫以德教除残，是以粱肉理疾也；以刑罚理平，是以药石供养也"③；"本之以仁，成之以法，使两通而无偏重，则治之至也。夫仁义虽弱而持久，刑杀虽强而速亡，自然之治也"④。从这三点看，尽管"德主刑辅"、"德本刑末"突出了"德"的基础或核心地位，从而使儒家因此有别于法家，但"刑"实际上也构成儒家政治理论不可脱离的基本方面。就此而言，儒学其实蕴涵着一种从人的德性出发，以"德"、"刑"为本末、先后、文武、内外次第结构的，立体复合的法治理论。儒家法治或"作为文德的法治"，亦可谓"内圣外王"在法律领域的具体表现，它呈现出这样一些特性，这些特性使得它与法家法治以及现代民主法治相比显得独到：

第一，它是道德的。儒学以道德系统和生命的道德意义

---

① 《春秋繁露・天辨在人》。
② 《训俗遗规・序》。《尚书・大禹谟》："明于五刑，以弼五教"；《宋史・刑法一》："刑以弼教"；《薛文清公读书录・论治》："帝王之治天下，德为本，政为具，刑以辅之。"
③ 崔寔：《政论》，《后汉书・崔骃列传》。类似话语还有："夫德教者，黼黻之祭服也；刑罚者，捍刃之甲胄也。若德教治狡暴，犹以黼黻御剡锋也；以刑罚施平世，是以甲胄升庙堂也。故仁者，养物之器；刑者，惩非之具。我欲利之，而彼欲害之，加仁无悛，非刑不治，刑为仁佐，于是可知也"（《抱朴子・用刑》）；"仁义者，养民之膏粱也。刑罚者，惩恶之药石也。舍仁义而专用刑罚，是以药石养人，岂得谓善治乎？"（《明史・刑法二》）。
④ 《群书治要・袁子正书・礼政》。

为理论前提，但它并不完全否定人的卑微方面。从"道心"与"人心"、"大体"与"小体"、"天理"与"人欲"这些对立范畴看，儒家对于人的生理属性其实有着深刻认知。只是，儒学并不以人的卑微方面或生理本性作为道德和政治的基点，相反，它始终不离人的道德善性，坚持人性善论，而将利欲视为需要提防、克服或节制的。无论是"德"还是"刑"，都紧紧围绕人的德性和善性展开，以尽量保存、维护和张扬人的德性和善性为目的。与此形成鲜明对照的是，法家将治理的基础建立在人趋利避害的生理本性上，而不是建立在人的道德本性上，正所谓"凡治天下，必因人情。人情者，有好恶，故赏罚可用。赏罚可用，则禁令可立而治道具矣"①；"凡民者莫不恶罚而畏罪，是以……顿卒怠倦以辱之，罚罪有过以惩之，杀僇犯禁以振之。"②在治理上，儒家和法家都讲"本"，儒家讲"壹是皆以修身为本"③，法家亦讲"人者，身之本也"④，但同作为"本"的"身"，在儒法两家其实有着不同侧重，一以人的道德本性为本，一以人的生理本性为本。对于人的道德本性，法家既不承认也不信任。在现代西方法治理论中，身体和生命保全也被视为人的基本权利，人的善性同样不被认为是可依靠的，法治因此主要建立在人的生理本性以及

---

① 《韩非子·八经》。
② 《管子·版法解》。
③ 《礼记·大学》。
④ 《管子·权修》。

对人性的不信任基础上。无论是法家的还是现代西方的法治理论，都与一种通过内心调节来达致中正仁和的道德理论严格区分开。在这两种法治理论中，人欲是明显开张的，人的生理本性及其发展得到充分认可，并被用来作为治理的基点。

第二，它是综合的。这主要表现在儒家主张以"德"为本，以"刑"为末，"德""刑"并用，"政刑所以禁民之身……德礼所以善民之心。"①而且，儒家在不舍弃"刑"的同时高度重视道德和贤人对治理的积极功效。通过德教形成对包括君主和官吏在内的权力主体以及作为治理对象的社会民众的道德制约，在人与人之间建立起广泛深厚的道德联系，从而达致社会太平和人的道德提升，是儒家政治和法治理论的重要方面。可以说，一种融合道德、贤人、礼乐、刑政的复合格局，构成了儒家政治和法治的主要特点。对此，钱穆指出，"法之为义，固不仅于信赏而必罚，而犹有其大者。……汉、唐、宋、明之盛世，所以立一王之大法，建数百岁之规模，以兴当代之治者，莫不有深意焉，以期夫人之尽其才，官之尽其职，事之尽其理，而物之尽其用。若是者，其在中国，常称之曰'一代之典章制度'，而不尽谓之'法'。……法治之精美，其在中国，惟儒家得其全，汉、唐、宋、明所以成一代数百年之治者皆是。黄、老清静，见其一节；而申、韩名实，惟务赏罚之

────────────

① 《大学衍义》卷二十五。

末，斯为最下。故治法之美者，在能妙得治人之选。昧于人
而言法，非法之至也。"①而法家法治与现代民主法治通常都
坚持法律与道德、法治与贤人相分离的立场，在治理形式上
强调只诉诸并依靠法律。儒家以德刑为"文武"，法家则以
赏罚为"文武"，正所谓"杀戮之谓刑，庆赏之谓德"②，"赏
者，文也；刑者，武也"③，"赏诛为文武"④，由此可见法家法
治明显舍弃了"文德"内容。法家"不道仁义"⑤，甚至将"文
德"视为实行法治的一大障碍。例如，韩非子认为，"错法以
道民也，而又贵文学，则民之所师法也疑。赏功以劝民也，而
又尊行修，则民之产利也惰。夫贵文学以疑法，尊行修以贰
功，索国之富强，不可得也。"⑥法家还反对在君臣和君民之
间建立诸如忠义之类的道德联系，力图在君臣和君民之间保
持客观生冷的法律关系。在法家看来，"君不仁，臣不忠"⑦，
则霸业可成；"以罪受诛，人不怨上……以功受赏，臣不德
君"⑧；"君臣上下贵贱皆从法，此谓为大治。"⑨在现代西方
法治理论中，人与人之间也主要不是表现为道德关系，而是

---

　　①　钱穆：《政学私言》，载《钱宾四先生全集》，第 40 卷，第 251、
257 页，台北：台北联经出版事业公司，1998 年。
　　②　《韩非子·二柄》。
　　③　《商君书·修权》。
　　④　《管子·禁藏》。
　　⑤　《韩非子·显学》。
　　⑥　《韩非子·八说》。
　　⑦　《韩非子·六反》。
　　⑧　《韩非子·外储说左下》。
　　⑨　《管子·任法》。

更多地表现为权利关系，这种受到法律明确保护的权利关系甚至可以是某种对立关系。至于道德和贤人，无论是法家法治还是现代西方法治都不寄厚望，它们对于法治甚至被认为是不利的。

第三，它是超越的。无论是法家法治，还是现代西方法治，都只在经验、功利和理性层面考虑政治和法律问题。这样一种循着人的物理认知或"闻见之知"展开的知识途径，并不以终极的道德目标和人生意义为必要，也难以触及形而上的超验或超越领域。从"内圣外王"来看，可以说，法家法治和现代西方法治更多地侧重于或流于"外王"层面，着力沿着社会、经济、政治体制平铺展开，而未涉"内圣"层面。因此，法家法治和现代西方法治理论都不包含超越的道德哲学，也不以提升人的道德觉悟为目标，其着眼点主要在于现实的国家秩序和社会安定。法家旨在通过法律"治民一众"①、"一民使下"②，增强国家整合力和社会驱动力，从而富国强兵，成就"霸王之业"③。现代西方法治则旨在通过使政治权力依法运行来达致保护个人权利的政治目标。二者都明显缺乏超越的道德目标。与此不同的是，儒家法治受着一种人的道德完善理论的支配。在人的道德完善与国家治理之间，呈现出相互影响的立体复合结构。儒学既试图通过

---

① 《管子·七法》。
② 《管子·任法》、《管子·明法解》。
③ 《韩非子·初见秦》。

德教和法律来维护道义，也试图通过道德提升来影响社会现实从而达致"刑措"、"有耻且格"，实现"内圣外王"。在自然法与西方法治之间，本也存在这种立体复合结构，不过，自从更具道德意蕴的自然法在近代转向自然权利后，西方法治所受的道德张力实际受到削弱，或者变换为权利张力，一幅流于功利、经验和理性层面的日趋平面化的现代法律图景因此也更渐明朗。在很大程度上，立体复合结构在现代社会的平面化，与"德性之知"路径以及道德系统的堵塞有着重要关联。就此而言，儒家法治的道德超越维度在现代能否得以进一步生发，有赖于中国文化传统中"德性之知"渠道是否被重新开通。

5. 法治与自然政治

总体来看，"道德的"、"综合的"和"超越的"这些特性是法家法治和西方宪政所缺乏的，在"作为文德的法治"与"作为武功的法治"、"作为宪政的法治"之间，明显呈现出"道德"与"自然"的差异。结合人文主义而言，儒家法治的铺展始终不离人的道德本性、道德能力、道德责任和道德认知，而法家法治和西方宪政则主要以人的生理或自然本性为根基，在经验和理性范围内思考和处理政治、法律和国家问题，弱化或避开了人的道德责任，也隔断了人的道德认知维度。

由于着眼于自然世界并建基于人的自然本性，"作为武功的法治"和"作为宪政的法治"看上去表现为更为纯粹、也更为客观的政治和法治。这样一种非人格化的治理，为社会的客观发展造就了较为确定的规范形式和制度依托，使得个人和社会得以摆脱道德伦理的束缚而获得自由发展，也在很大程度上消解了治理者和被治理者的道德责任。如果说，儒家一再强调治理者对被治理者的诸如"若保赤子"、"视民如伤"①之类的道德情怀，那么，在法家那里，这层道德关系以及治理者的道德责任则是需要尽量排除的。法家未必主张暴政，但也不主张仁政。"仁暴者，皆亡国者也"②，这是法家的看法。法家坚持在治理者与被治理者之间构建起客观、纯粹的法律关系，"缘法而治，按功而赏"③，"以法治国"④。这既是一种基于人趋利避害之生理本性的"用众之道"⑤，也是避免治理者遭受被治理者怨憎从而使统治得以长久持续的重要方式。⑥ 在法家看来，"任功则民少言，任善则民多言"，"以法诛罪，则民就死而不怨；以法量功，则民受赏而无德也。此以法举错之功也"⑦；"有功者必赏，赏者不得君，力之所致

_____

① 《孟子·离娄下》。
② 《韩非子·八说》。《韩非子·解老》亦有言："人君者无道，则内暴虐其民，而外侵欺其邻国。"
③ 《商君书·君臣》。《商君书·壹言》："垂法而治"；《商君书·慎法》："任法而治"。
④ 《管子·明法》，《韩非子·有度》。
⑤ 《韩非子·难二》。
⑥ 《商君书·去强》："国无怨民曰强国"；《韩非子·难一》："民怨则国危。"《韩非子·用人》："怨积于上而怨积于下，以积怨而御积怨，则两危矣。"
⑦ 《管子·明法解》。

也；有罪者必诛，诛者不怨上，罪之所生也。民知诛赏之皆起于身也，故疾功利于业，而不受赐于君。"①这些话语反映出一种使政治客观化、形式化乃至法律化，最终形成通过法律的正当性，由此提升国家整合力和社会驱动力的企图和努力。在法家法治下，统治或治理者对被治理者不仅不负有道德责任，而且力图"戒民"、"备民"、"御民"、"制民"、"胜民"②。

在宪政体制下，非人格化的治理机制，以及治理者的政治和法律责任取代其道德责任，同样是明显的。宪政或现代法治的重要特征在于，它不再沿仁义道德的路向发展，而是以自然权利为出发点，一些学者将其归结为"建立在人的意志（human will）基础之上的治理"或"受意志指导的（will-directed）人的治理"③。立足人的生理或自然本性并循着经验和理性的认知路径而生发的自然权利和自由意志，淡化了现代政治和法治的道德浓度。个人因此一方面由其意志行为而对其自主选择各自承担责任，另一方面亦可在法律不禁止的范围内按其自由意志放任发展。这也最终促成了一套客观的、非人格化的社会、经济、政治和法律体制，个人、社

---

① 《韩非子·难三》。

② 参见《管子·小问》、《管子·牧民》、《管子·禁藏》、《商君书·定分》、《商君书·说民》、《商君书·画策》、《商君书·错法》、《韩非子·南面》等。

③ 参见 Ian Shapiro（ed.），*The Rule of Law*，New York：New York University Press，1994，pp. 13－19。

会、国家因之得以共同发展。托克维尔指出了这样一套现代体制的积极效果。他说，"在民主制度下，蔚为大观的壮举并不是由公家完成的，而是由私人自力完成的。民主并不给予人民以最精明能干的政府，但能提供最精明能干的政府往往不能创造出来的东西；使整个社会洋溢持久的积极性，具有充沛的活力，充满离开它就不能存在和不论环境如何不利都能创造出奇迹的精力。"①合起来看，治理的非人格化，政治的客观化、形式化和法律化，以及由此所致的个人"疾功利于业"与国家和社会客观发展之间的一致性，构成了法家法治与西方宪政的共同特征。"作为武功的法治"与"作为宪政的法治"因此既切合人的功利需求和生理本性，也在国家强盛、社会发展等方面时而表现出较为明显的实际效果和外在优势。这使得"作为文德的法治"及其道德取向面临一定质疑和挑战，以致在国家间竞争加剧的情况下遭受冷遇乃至批判。

尽管法家法治在外在形式和功用上与现代民主法治颇为近似，甚至，"以法家之鸷，终使民生；以法家之觳，终使民膏泽"②，但它在政治领域并未确立起宪政体制下的人权和公民权利取向。此种个人权利或自然权利取向，是"作为宪政的法治"与"作为武功的法治"乃至"作为文德的法治"形

──────────

① 托克维尔：《论美国的民主》，第280页，董果良译，北京：商务印书馆，1988年。

② 章太炎：《检论·商鞅》。

成对照的独到之处。从合法性的角度看,如果说"作为文德的法治"旨在使统治或治理获得一种道德正当性,那么,"作为武功的法治"与"作为宪政的法治"则更加侧重于赋予统治或治理以纯粹的法律正当性。而且,在通过法律的形式合法性之外,"作为宪政的法治"比历史上的儒家法治和法家法治实际多出一条通过维护个人权利来获致政治正当性的渠道。这是法治在现代开出的新的人文维度,也可说是现代语境下"外王"在政治层面的重要表现。在历史上,无论是法家法治还是儒家法治,都主要表现为自上而下的治理,而缺少自下而上兴起的民权或民主政治。明显的是,在中国传统社会,没有人民通过常规政治活动而展开的权利诉求和法律体制,也没有对君权的宪法制约以及人民对政府的政治和法律制约。在人民与政府之间构建合理的政治和法律关系,使政府和国家受制于宪法以及人民意志和权益,这是"作为宪政的法治"所要达到的基本政治目标。一如有人所指出的,"法治……在更一般的意义上,包含着政府与被治理者之间的关系必须正义和公平的理念"①。如果说历史上与自上而下的治理相联系的儒家法治和法家法治,成就了一种主要流于行政层面的、国民之间的治理(rule among citizens),这种治理可针对官吏和国民而不能从根本上针对君权或皇权,

---

① T. R. S. Allan, *Law, Liberty and Justice: The Legal Foundations of British Constitutionalism*, Oxford: Clarendon Press, 1993, p. 21.

那么，"作为宪政的法治"所要成就的则是政制层面的、旨在通过法律约束和规范君主权力、政府权力、政治权力以及国家权力的治理。这是现代法治在政制层面的重要特征，也可谓现代法治的精义之所在。尽管现代社会仍可能存在、也需要行政层面的法律治理，但致力于规范和限制政治权力和国家权力、保障人权和公民权利的政制层面，构成了古代法家法治与现代民主法治的重要不同。在此意义上，个人权利以及与之紧密相关的民主政治，事实上改变了形式上的"缘法而治"的政治方向，法治因此在现代条件下与民主政治、自然权利有着难以割舍的历史联系。相对旨在国家富强或巩固君权的古代法家法治而言，现代民主法治以其权利价值导向对"作为武功的法治"形成了一种政治张力，其要旨正需要透过自然权利、民主政治以及对政治权力的规范和限制这些维度去理解。以民权政治兴起为历史条件的"作为宪政的法治"，实现了法治与民主、政治与国家、权利与法律的有效结合，是力图使政治权力和国家权力受到法律的指引、规范和制约，使民权政治在国家框架下依循宪法和法律有序开展，以保障人权和公民权利的现代法律实践和治理形式。

虽然"作为宪政的法治"与"作为武功的法治"相比多出了人权和公民权利价值体系，而且这一体系如同凌驾于实在法之上的自然法一样，看上去也处在指引乃至约束实在法律的历史地位，但从人的自然本性以及自然权利这一基点看，法律、权利、民主政治在"作为宪政的法治"下仍处于沿着身体和生命展开的生理乃至物欲功利层面，人的德性认知和道德本性在其中依然是空缺或不明确的。因此，一些学者将现代政治归结为旨在保护身体和保全生命的"身体政治"（the politics of body）和"生命政治"（bio-politics）①。由此看，"作为宪政的法治"以及"作为武功的法治"主要呈现为一幅沿着实在法或公民权利展开的平面图景，而不具备"作为文德的法治"的那种包容有超验或超越的道德维度的立体复合结构。相对"作为文德的法治"来说，尽管天下为公的大同理想与政权私有的现实政制在中国历史上表现为一对长期的基本矛盾，但民主政治格局终究未能为历史上的儒家法治实践所突破，在这一点上，"作为宪政的法治"沿着自然、权利、民主以及人的身体和生命这些外在层面的充分发展，正可说是其优胜之处。就对人的身体和生命的尊重和爱护恰是德性的重要外在表现而言，虽然"作为宪政的法治"并不以儒家所维护的那样一套被认为是客观有效的道德系统为依托和前提，但其基于人的认知理性而生发的、用以有效保障人权和公民权利的那样一套政治和法律体制，亦显出相当大的人道功效。

---

①　参见 Michel Foucault, "The Birth of Biopolitics", in Michel Foucault, *The Essential Foucault: Selections from the Essential Works of Foucault, 1954－1984*, New York: New Press, 2003, pp. 202－207。

三、迈向法治的人文道路

治国必以法为要素，法治必以理为基础。正所谓"律令者，政事之经，万机之纬"，"驭大国者，以法理为本"①。就"理"而论，法家法治侧重在功利，民主法治侧重在权利，儒家法治侧重在道德，尽管法家法治与民主法治也具有人道实效，儒家法治亦成就外在事功。三种法治模式分别通过功利、权利和道德，将人与国家整合起来，由此为政治权力的持续运行提供了合法性基础。在人与国家的关系上，法家法治总体表现出利用人的功利追求来达致国家富强的功利目标的意图，其中，君权或国家强盛作为目的是主要的，被治理者的福利只作为手段处于从属地位，因此，法家法治在对人的道德关怀和理性关怀上有明显人文欠缺，也未充分表现出对

① 《艺文类聚·刑法部》。

君权或国家权力的价值约束和道德限制。对比来看,儒家法治和民主法治各自循着道德和理性路径避开了法家法治的这一人文缺失。儒家法治既通过道德来限制政治权力,也通过道德来支持政治权力,由此成就了一种"内圣"与"外王"并驾齐驱的道德政治文明;而民主法治则既通过权利来约束政治权力,也通过权利来支持政治权力,由此成就了一种"权利"与"权力"齐头并进的权利政治文明或理性政治文明。可以说,人文价值是使法治终究成为足以在历史上长久流传的政治文明的关键因素。在"古今中外"的历史时空下,现时代需要一种兼济中西人文主义精髓的新人文主义,以将作为道德政治与理性政治之价值基点的仁义道德与自然权利统合起来,亦将作为两种政治文明之认知基点的认知理性和道德理性统合起来。这对于中国是如此,对于世界也是如此。融会古今中外实践经验和智慧,在现代条件下开拓以"作为道德责任的人权"为起点的政道,同时涵容"民主政治下的民本治道",打造政治和社会的理性和道德基础,最终形成一种"道德的民主法治",实现"内圣"与"外王"的新统合,这在现时代既是历史需要,也是历史契机,而且存在历史可能。①

---

① 有西方学者提到,"伦理的'再生'与个人主义的民主传统并不相悖,它是道德世俗化的现代发展进程的一个补充";"后道德主义社会不再将公民和人的至上责任当作金科玉律来加以推崇,也不再主张高尚的自我牺牲精神,但这绝不是说道德理念便要行将就木。事实上,虽然责任的神圣使命已经结束了,但是人们对伦理再度现实(转下页注)

1. 理性政治与道德政治

历史地看,近代以来的政治,经历了从以仁义道德或宗教义务为基点的道德政治或宗教政治,到以自然权利为基点的权利政治或理性政治的历史转型。尽管作为现代政治之出发点的自然权利,有时被理解为"天赋人权"(God-given rights),康德、洛克等人也曾尝试着从道德或宗教立场提出这一概念,一些与之相关的政治和法律文献亦使用诸如"上帝"(God)、"造物主"(Creator)之类的字眼,但是,经过针对宗教统治的"启蒙"运动之后,自然权利主要表现为一个基于人的生理本性的自然概念,其宗教或道德意蕴事实上是极其微弱的。霍布斯这样界定自然权利,他说,"自然权利,乃是每个人按照自己的意愿,运用他自身的力量,来保全他自己的本性,亦即保全他自己的生命的自由。这也就是用他自己的判断和理性认为最适合的方式去做任何事情的自由。"①对于此种为保全性命而无所顾忌的权利,斯宾诺莎讲

──────────

(接上页注)化的关注以及诸多道德命题和道德'疗法'的再度活跃等现象却是随处可见。伟大的道德主义宣言销声匿迹,伦理出现了反弹,对义务的信仰变得宽泛化,然而'灵魂的补充'却甚嚣尘上,这一切表明,'21世纪极有可能就是一个伦理的世纪'。"见利波维茨基:《责任的落寞——新民主时期的无痛伦理观》,第232、235—236页,倪复生、方仁杰译,北京:中国人民大学出版社,2007年。

　①　霍布斯:《利维坦》,第97页,黎思复、黎廷弼译,北京:商务印书馆,1985年。

得也很直白："每个个体应竭力以保存其本身,不顾一切,只有自己,这是自然的最高的律法与权利。所以每个个体都有这样的最高的律法与权利,那就是,按照其天然的条件以生存与活动。……个人(就受天性左右而言)凡认为于其自身有用的,无论其为理智所指引,或为情欲所驱迫,他有绝对之权尽其可能以求之,以为己用,或用武力,或用狡黠,或用吁求,或用其他方法。因此之故,凡阻碍达到其目的者,他都可以视之为他的敌人。"①在自然状态学说和社会契约理论中,正是这种看上去肆无忌惮的自然权利,导致了"战争状态"。卢梭、洛克从理论上各自以人的"同情心"、"理性"来结束混乱的无政府状态,霍布斯则以人的天然平等和理性来构筑现代政治的基础。他说,"自然使人在身心两方面的能力都十分相等……就体力而论,最弱的人运用密谋或者与其他处在同一种危险下的人联合起来,就能具有足够的力量来杀死最强的人。"②此种基于自然权利的平等"博弈",使得众人最终在理性引导下达致默契从而产生政治国家或共同权力成为可能甚至不可避免,也为人们在社会交往中不相互为害造就了规范基础。

这样一种具有源起意义的现代政治,显然不再以仁义道

---

① 斯宾诺莎:《神学政治论》,第212页,温锡增译,北京:商务印书馆,1963年。
② 霍布斯:《利维坦》,第92页,黎思复、黎廷弼译,北京:商务印书馆,1985年。

德或宗教义务为出发点,但其实际的道德功效却也受到一定认可。鉴于政治国家对"战争状态"的终结以及对人权和公民权利的保护,"'权利'能够使得政治道德化"①的观点为人所接受,一种"基于权利的道德"(rights-based morality)②观也得以形成。人基于其自然权利而不受侵犯和打扰,同时,出于他人相同的权利,人的权利行使以"无害他人"为条件,受到法律限制。此种基于相互的自然权利而产生的"无害他人"的法律义务,一如法家法治对基本物质需求和社会秩序的保障一样,构成了现代自由社会的公共道德底线,这使得现代政治、经济和社会体制看上去仍具有相当的道德含量。对此,有欧洲学者指出,"理性而自然的道德观……用理性与自然的观点而非神的权威来架构道德体系……以非宗教的伦理原则为基础来构建政治与社会的规范……这是一个世俗的或者世界主义的伦理,是一个关于个人权利的伦理,是现代民主社会的道德基准及基石。人权作为新型社会契约的调节基准,虽不会演变成为一种纯伦理,但它的伦理意义却非同小可。"③

----

① 利波维茨基:《责任的落寞——新民主时期的无痛伦理观》,第230页,倪复生、方仁杰译,北京:中国人民大学出版社,2007年。

② 参见 Duncan Ivison, *Rights*, Montreal & Kingston: McGill-Queen's University Press, 2008, pp. 73 - 74. 关于"基于权利的道德"是否成立,学界也有争议,参见 Joseph Raz, "Right-based Moralities", in Jeremy Waldron (ed.), *Theories of Rights*, Oxford: Oxford University Press, 1984, pp. 182 - 200.

③ 利波维茨基:《责任的落寞——新民主时期的无痛伦理观》,第2页,倪复生、方仁杰译,北京:中国人民大学出版社,2007年。

尽管如此，无论是现代西方法治，还是法家法治，看上去对"作为文德的法治"的道德维度以及治理中的贤人或道德人都表现出一定抵制。就现代西方法治而言，从具体制度看，道德与法律相分离成为现代社会的一个基本特征，[①]现代法制逐渐发展为有其自身逻辑、专门知识和专业人员的独立体系，而不再统合或从属于道德和宗教。从理论看，诸如富勒、罗尔斯、菲尼斯、拉兹等现代西方学者，都将法治限定于法律规则和法律文本，其法治论述所提供的多是关于法律的一套形式要求；而其他诸如哈耶克、德沃金等强调法治的个人权利导向的学者，也至多突显了法治约束政治权力和保障个人自由的方面，同样没有构建"道德的法治"理论或法治的"道德理论"的愿望和企图。看上去，对法律道德主义的拒斥构成了现代自由主义的基本特质，严守法律与道德的界限已成为现代西方法治理论的一种被广泛接受的成规。而且，如同通常所理解的法治与性恶之间的联系一样，现代西方法治也过多地针对并侧重于人性的"幽暗"面，而对人的道德善性表现出明显的不信任。例如，孟德斯鸠认为，"一切有权力的人都容易滥用权力，这是万古不易的一条经验。有权力的人们使用权力一直遇到界限的地方才休止"[②]。汉

---

① 例如，梅因指出，在古代社会，"法律的统治尚未从宗教的统治中区分出来"，而在现代社会，"法律从道德中分离出来"，"宗教从法律中分离出来"。见梅因：《古代法》，第10、14页，沈景一译，北京：商务印书馆，1959年。

② 孟德斯鸠：《论法的精神》，上册，第154页，张雁深译，北京：商务印书馆，1961年。

密尔顿、麦迪逊等人也说,"政府本身若不是对人性的最大耻辱,又是什么呢? 如果人都是天使,就不需要任何政府了。如果是天使统治人,就不需要对政府有任何外来的或内在的控制了。"①与基于"自然人"的平等博弈而形成社会的基本法律规范一样,这种立足人的生理本性乃至恶性来构建现代政治的理论看法,虽可用于打造旨在制约公共权力的刚性政制,但它也削弱了立足于社会治理的公共性质和权力运行的客观规律,来形成对公共权力的政治制衡和法律约束机制,并在之外通过将人的道德善性或道德人融入政治体制来实施道德对政治的影响的可能性。

无论是从权力持有人和行使人的道德要求看,还是从君主、政府、官吏与人民的关系看,现代西方法治和法家法治不仅道德色彩淡泊,而且有意识地对道德以及道德人保持着很强的张力。"治国,不恃人之为吾善也,而用其不得为非也"②,"仁义之不足以治天下"③,"国以善治奸民者,必乱至削;国以奸民治善民者,必治至强"④,"以良民治,必乱至削;以奸民治,必治至强"⑤,"不务德而务法"⑥,从这些话语,可以发现法家拒斥仁义道德以及道德人在治理中发挥作

①　汉密尔顿、杰伊、麦迪逊:《联邦党人文集》,第 264 页,程逢如、在汉、舒逊译,北京:商务印书馆,1980 年。
②　《韩非子·显学》。
③　《商君书·画策》。
④　《商君书·去强》。
⑤　《商君书·说民》。
⑥　《韩非子·显学》。

用的鲜明态度,亦不难洞察法家法治的道德处境。从道德角度看,主要通过"庆赏之劝,刑罚之威"①、"以法为教"②、"以法教心"③的法家法治,以及通过人们基于生理本性的相互平等博弈,来形成社会公德和政治伦理的所谓"最不坏"的近代政治,事实上并未堵塞人为恶的缺口。在此治理中,治理者看上去可能是不得不守法的,但不必是道德的;人只要不惧法律追究也是可以自由选择违法的,而且,在法律禁止与逃避法律追究之间,会呈现出螺旋式的双增长趋势。由于人的道德善性不被广泛认可,道德律的作用空间受到限制,而建立在"人是人"这一自然事实基础上的人权论和死刑废除论,亦将因为缺乏根本的道德理据而面临挑战。就其治理逻辑而言,在认知理性而非道德理性的主导下,虽然最终不排除能够达致某种结束或中止争斗的默契或协定,但在平等博弈的过程中,亦可能如同军备竞赛一般,彼此以一种时刻提防、共损同毁的方式来保护和发展自己。在国际政治和经济中相互角逐的"自由国家",至今远未突破现代发展的这一瓶颈。如果说,"启蒙"运动开启了人依凭自己的经验和理性"勇于认知"的大门,那么,现代社会的这样一种强劲的认知理性路向,则使得人们越来越担忧理性的过度使用。④

---

① 《韩非子·难势》。《管子·小匡》:"劝之以庆赏,纠之以刑罚";《管子·权修》:"申之以宪令,劝之以庆赏,振之以刑罚。"

② 《韩非子·五蠹》。

③ 《韩非子·用人》。

④ 参见 Michel Foucault, "Space, Knowledge, and Power", in Michel Foucault, *The Foucault Reader*, New York: Pantheon Books, 1984, p.249。

经历了"启蒙"的世界,在外在方面可能处处看上去是理性的和光明的,但这并不足以保证人的道德世界是同样明白而确定的。在"启蒙"之下,光明与阴影可以同在共生。与中国文化传统的道德人文维度对照来看,沿着人的认知理性和自然本性而展开的现代人文主义,其道德界限不容忽视。

总的看,与其说现代政治和法治是道德的,毋宁说它是理性的。如果说"作为武功的法治"与"作为宪政的法治"旨在构建政治和社会的经验或理性基础,为政治设置法律正当性或权利正当性,那么,"作为文德的法治"则旨在构建政治和社会的道德基础,力图为政治设置道德正当性。作为基始点的人的自然权利、自然本性和认知理性,决定了现代政治和法治的理性的——而非道德的——发展路向。"现代性"的一个基本特征即是经济、政治和社会的"合理化"。不仅"理性人"及其所衍生的行为定律,成为现代经济学、政治学、法律学和社会学的知识前设,政治、经济、法律、学术等分化为彼此相互独立的社会系统,并由此摆脱道德和宗教的束缚,也成为源于西方的"现代性"的重要表现。

在现代语境下,经济、政治、法律、社会乃至道德等问题的解决,基本上是沿着人的经验和认知理性的路径展开的,由此对道德理性的摆脱带来了一些较为明显的现代性问题。例如,作为社会交往媒介的权利,在造就更为客观的现代非人格化体制的同时,也促成了生冷的人际关系。更重要的是,权利路向虽然看上去维护了社会公德底线,但它与道德却也有着很大的张力——人权或权利通常并不以人是道德的以及促进人的道德完善为条件。事实上，人在现代被认为有权利做并不总是最好的事，甚至"有权利做错事"或道德败坏的事。由此看，自然权利与自然正当的分化在现代社会是明显的。再如，在传统社会，人的道义或道德自由被看得甚至比生命还重，正所谓"宁饥寒乘理而死，不愿饱暖违义而生"①，而在现代体制下，人的包括人格在内的各种权利乃至人本身，主要通过人的认知理性和生理本性得以界定，人权更多地建立在"人是人"这一基本的自然事实基础之上，②社会或政治自由因此被看得至为根本，以致"不自由，毋宁死"成为流行的现代话语。由此看，在现代社会中，人在作为权利主体与作为德性主体之间发生着一定分化。又如，在民主体制下，人的道德不完善被认为是合乎情理的或可接受的，"政治人"如同"经济人"一样也是"理性人"，甚至可以得到现代法理的支持，而且，通过多数决定的选举形式，意志自由的权利主体也可能表现出对道德以及道德人的排斥。由此看，自由意志与自然道义在现代社会未必总是一致的。又如，权利自近代以来的发展史显示出，"自由国家"的奴隶贸易、种族歧视、侵略战争等与人权的提出适相伴随，人权在国内政治和国际政治中所处的地位和作用并不完全相同，国际

---

① 《后汉书·赵壹》。

② 参见 Patrick Hayden(ed.), *The Philosophy of Human Rights*, St. Paul：Paragon House, 2001, pp. xv, 5, 371。

人权保护机制中的人道主义干预时常与人权侵犯纠缠在一起。由此看,权利政治与仁义道德在现代社会也不是必定正相关的。所有这些,都透露出现代政治和法治在强化基于人的认知理性和生理本性的人文维度的同时,相对弱化乃至忽视了基于人的道德认知和道德理性的人文维度。

鉴于"人文主义……依托于精神法则和身体法则的对立"①,人文主义者白璧德指出了自然权利"削弱责任感并因此破坏真正自由的倾向"②。他说,"自然权利理论……依赖'自然'和……'人为'之间似是而非的对立,这一对立促进了对于真正的精神二元论及其涉及工作特质的全面或部分压制。……真正的自由不是按照个人喜好行事的自由,而是让自己适应某种意义上的律法。……人权宣言……没有在人类和大猩猩之间建立起足够大的间距。我们只有在强调真正的自由是道德努力的回报时才能保持这一间距;如果人们将自由表述为'自然'的赠礼,这一间距就会趋于消失。"③

① 白璧德:《民主与领袖》,第146页,张源、张沛译,北京:北京大学出版社,2011年。
② 同上,第210页。
③ 同上,第209—210页。白璧德区分了道德自由与社会自由或政治自由,并由此对自然权利及与之相关的社会自由作了一种批判审视。他说,"人们也许不应在社会中寻找自由,而是在自身——他的道德自我中寻找自由;这个道德自我在经验中不是作为放纵的情感,而是作为内在制约。……被说成是一种抽象的权利、一种先于履行任何确定义务存在的东西的自然权利,就内在生命而言总会成为一种慵懒的自由。……在今天这个时代,我们听到有些人宣称所有人都具有抽象的自决权利,而这种权利是先于他们道德发展水平的某种东西。提出这样一种假想的权利作为世界和平方案的一部分,必将陷入人道主义自我欺骗的深渊。"见该著,第162—163页。

还有学者提到，"由于个人成为了民主文化的主要方向标，道德的第一要务便是捍卫和争取个人的主体权利……在主体权利获得认可后，紧接着享乐也被确认为是自然权利之一，它与自由、平等一起被列为个人主义文化的核心。自启蒙时代起，享受生活与娱乐的观点便逐渐站稳脚跟，到了 18 世纪，伊壁鸠鲁享乐主义更是蔚然成风。……为了追求物质享受，道德标准一降再降，对利益的诉求也渐渐变得自然合理起来……在政治、道德、经济领域内，到处充斥着人权、享乐权、自由追逐私利权等这种个人权利优先的现象"①；"个人主义自立的价值观、大众消费型的享乐主义、近来的经济竞争以及劳工组织提出的诸多新要求等，它们一同创造出了一种文化，在该文化中，处处可见个人能力的展示，而对自己的责任却无处可寻了"②；"一个新的文明建立起来了，它不再致力于压抑人们的情欲，反而是怂恿并使之无罪化，于是要及时行乐，而结果便是由'我、肉体和舒适'构建起来的殿堂成为后道德时代新的耶路撒冷。"③凡此都反映出从人的自然权利、认知理性和生理本性出发的现代道路的倾向、侧重和道德缺失，也衬托出延续和重新开掘人的德性认知和道德善性的历史必要。

---

① 利波维茨基：《责任的落寞——新民主时期的无痛伦理观》，第 3—4 页，倪复生、方仁杰译，北京：中国人民大学出版社，2007 年。

② 同上，第 129 页。

③ 同上，第 36 页。

　　总体上，将法治与人文主义结合起来看，中西历史上的法治实际突显出两条人文路向。一是理性路向，以人的生理本性为起点；一是道德路向，以人的道德本性为起点。由于理性人文路向终究要落实到人的生理欲望和世俗功利层面，它也可说是功利的，从而在学理上与不计个人得失、强调"所欲有甚于生者，所恶有甚于死者"①的道德人文路向形成对照。在道德人文路向上，人欲通常受到一定克制，但道德人文维度并不完全排斥人的生理本性和世俗生活，而是秉持一种出而无染、空贯不二、"允执厥中"的"中庸"态度。可以说，道德人文路向经过但并不停留于人的生理和世俗层面，基于德性认知以及"天人合一"乃至天人并立，人在这一路向上还有高于世俗功利的道德追求。在理性人文路向上，虽然人在"人是目的"这一人文要求下力图被塑造成有尊严的权利主体，人们客观上也可能达致人在道德人文维度上所能取得的某些实际效果，但由于受"闻见之知"的支配以及"闻见之知"对"德行之知"的制约，人在这一路向上对于超验或超越层面的认知总体是隔断的。就学理而言，理性人文路向并不以德性认知和德行生活为必需，但也未必与德性认知和德行生活完全不相容。换言之，权利与德性在现代条件下存在衔接可能和结合空间。

　　理性人文维度和道德人文维度，在现代构成为重开"内

---

　　①　《孟子·告子上》。

圣外王"的两个立足点，需要并相发展。在历史上，这两个维度长期呈现出紧张乃至对立。犹如在传统社会仁义道德对人的生理本性、"义"对"利"、"天理"对"人欲"的一定抑制那样，认知理性对于道德理性的挤压和张力在现代社会也是明显的。在立基人的自然或生理本性而扩展的现代体制下，人的德性认知渠道可能受到蒙蔽而不得开通，甚至为科学认知所拒绝和堵塞，进而也阻碍人的道德本性和道德能力的生发。这是现代进程中能否实现道德与政治、"内圣"与"外王"新的统合的一个关键。重开德性之知，疏解德性认知与物理认知之间的隔阂，使人的德性之知与闻见之知、道德本性与生理本性相容并行，可谓现代中国开"新外王"并将"内圣"与"新外王"重新衔接起来的认识论前提。确立这一认知前提，才足以打开法治的道德之维，进而使得将道德与政治重新结合起来、构建"道德的民主法治"成为可能。在现代语境下，道德与政治的融通不必是美德的法律强制以及纲常伦理、等级秩序的重构，①而在于使人的德性认知在现代经济、政治、法律、社会和文化体制下仍得开通和生发，由此为道德人文要素渗融于现代体制创造历史可能，从而弥补

---

　　①　儒家所青睐的礼制适合用来说明道德与政治、情义与法制在传统社会的融合状态："以四海之广，兆民之众，受制于一人，虽有绝伦之力，高世之智，莫不奔走而服役者，岂非以礼为之纪纲哉！是故天子统三公，三公率诸侯，诸侯制卿大夫，卿大夫治士庶人。贵以临贱，贱以承贵。上之使下犹心腹之运手足，根本之制枝叶，下之事上犹手足之卫心腹，枝叶之庇本根，然后能上下相保而国家治安。故曰天子之职莫大于礼也。"见司马光：《资治通鉴·周纪一》。

"现代性"之不足,达致仁义道德、道德本性、自然正当,与民主法治、生理本性、自然权利相互融合的"仁内义外"、"内圣外王"状态。相对中国上千年的古代史和一百多年的近代史而言,实现"内圣"与"新外王"的衔接,或者,实现仁义道德与民主法治以及现代经济和社会体制的融合,当代中国有必要尽可能避免理性人文主义与道德人文主义的直接对立。也就是说,中国的道德和政治发展道路,当兼顾理性人文主义和道德人文主义,不以仁义道德强行地抑制人的生理本性的伸展,也不以物理认知一意地扼杀人的德性认知和道德本性的生发空间。

唯有立基认知理性造就民主法治以及现代经济和社会体制,同时立基德性之知培育道德主体,并由此赋予现代经济、政治、法律、社会和文化体制以道德态度和导向,现代法治才足以既从理性人文主义那里获得民权民主维度,也从道德人文主义那里获得仁义道德维度。质言之,同时从理性人文和道德人文两个维度来拓建中国的民主法治,是当代中国协调传统与现代、中国与世界的可供选择的发展路向。在此通向法治的人文道路上,会通古、今、中、外,融合道、德、政、法,特别需要从这样三个方面用心使力。一是沿着个人权利和社会秩序,从外在客观方面打造民主法治的理性基础。二是存留德性认知的生发空间,实现自然权利与仁义道德的历史衔接。三是构建"道德的民主法治",开拓"民主政治下的民本治道"。

2．民主法治的理性基础

沿着始终不离人的道德善性而着意用工夫的中国文化传统审视，儒家以"刑"或"法制禁令"为政治所不能废的看法，未必建立在人性恶的基础之上。从孔孟那里，似乎难以发现关于刑、法据以存在的专门理论论证，更不用说像法家那样以人的趋利避害本性来支撑"以法治国"的政治企图，但就"刑罚不中，则民无所措手足"①、"徒善不足以为政，徒法不足以自行……上无法揆也，下无法守也，朝不信道，工不信度，君子犯义，小人犯刑，国之所存者，幸也"②、"仁政，必自经界始"③等话语看，孔孟显然也不是法律虚无主义者。以人欲作为法律存在的理据，在古今历史上甚为常见。柏拉图、亚里士多德都曾表现出因为权力主体的人性弱点和不可靠而最终选择"法治"的倾向。④ 而此种倾向，是儒家所不具备的。即使法家关于法治的论说，也主要不是从权力持有和行使者可能滥用权力的道德缺陷切入的。不过，在儒学体系中，"德"与"法"的关系，看上去同"义"与"利"、"理"与"欲"

① 《论语·子路》。
② 《孟子·离娄上》。
③ 《孟子·滕文公上》。
④ 参见亚里士多德：《政治学》，第142、166—171等页，吴寿彭译，北京：商务印书馆，1965年；柏拉图：《法律篇》，第120页，张智仁、何勤华译，上海：上海人民出版社，2001年。

的关系是相通的，"法"与"利"、"欲"之间因此也透显出某些内在联系。"富与贵是人之所欲也，不以其道得之，不处也"①，"民之为道也，有恒产者有恒心，无恒产者无恒心。苟无恒产，放辟邪侈，无不为已"②，从孔孟的这些话语，可看出一种不完全否定"利"、"欲"，同时又将"利"、"欲"统合于道德的立场和态度。儒家尽管以人的道德本性为根本出发点，但也并不排斥人的基本生理和物质需求。事实上，任何伦理教义，在倡导人成为道德主体的同时，也都必然要对他人或社会成员的物质生活需要给予合理承认或高度重视，这甚至是道德行为的主要目标。道德主体对自身的物欲克制与道德主体对他人的生活安适愿望以及相关施与帮助行为，实为道德实践的两个基本方面。由此看，刑、法的存在，与社会体制中众人的"利""欲"客观上需要适当的外在保护和协调，有着内在的关联。这一点，在荀子那里被表述得更为明晰。他说，"人生而有欲，欲而不得，则不能无求，求而无度量分界，则不能不争，争则乱，乱则穷。先王恶其乱也，故制礼义以分之，以养人之欲，给人之求，使欲必不穷于物，物必不屈于欲，两者相持而长，是礼之所起也。"③此种

---

① 《论语·里仁》。
② 《孟子·滕文公上》。
③ 《荀子·礼论》。《荀子·性恶》亦提到，"人之性恶，必将待师法然后正，得礼义然后治……古者圣王以人之性恶，以为偏险而不正，悖乱而不治，是以为之起礼义，制法度，以矫饰人之情性而正之，以扰化人之情性而导之也，使皆出于治，合于道者也。"

礼或法的源起论，与法家的法治论调不无相通之处。法家立论的基点在于人的"欲利之心"，荀子立论尽管不脱离人的物欲，但其落脚点亦在于人们物质生活的社会性和公共性。① 此种社会性和公共性，是社会治理无可回避的客观或自然方面。而从儒家的视角看，社会公共领域也是重要的道德领域。一方面，这是一个可以基于德性而对他人表现出德行、义举的领域；另一方面，这也是可能发生侵犯、伤害他人的行为从而导致国家刑罚、或者带来必然惩罚的领域。无论从哪方面看，道德法则都起着基础性的作用，就此而言，法律、刑法或刑罚在儒家那里终究源于道德律，儒家因而也把治道的重心放在道德层面。

在对待道德律以及人的道德本性的态度上，儒法两家表现出极大分歧，但在法律与外在而客观的社会体制的联系上，儒家法治与法家法治、民主法治却也表现出较大的一致性。儒家的"外王"，终究要落实到一套政治、经济、社会和制度体系之中。所不同的是，物欲或人的自然本性，在法家以及现代经验、情感、功利和理性主义者那里是开张甚至放纵的，并被用来作为治理的起点，而儒家则始终基于德性之知而对"人欲"保持着适当节制。由于坚持人的道德善性，

---

① 《荀子·荣辱》有言："夫贵为天子，富有天下，是人情之所同欲也，然则从人之欲，则埶不能容，物不能赡也。故先王案为之制礼义以分之，使有贵贱之等、长幼之差、知愚能不能之分，皆使人载其事而各得其宜，然后使谷禄多少厚薄之称，是夫群居和一之道也。"

在守法或预防违法上，儒家积极倡导道德教化的社会作用，注重通过提升人的道德觉悟来避免违法犯罪，这也是法家法治和现代政治有所弱化的方面。在很大程度上，基于人性恶或"原罪"观念而展开的非人格化治理，忽视或遮蔽了更为主观的道德进路，法家法治与西方宪政因此表现为一种鲜明的摆脱德性约束的自然政治。此种政治的"自然"特征主要体现于两点，一是以人的自然本性为出发点，二是建立在由此所形成的近乎自然演化的社会体系及其客观规律基础之上。法家以及现代理性人文主义大多从自然的眼光、自然律的角度看待这一近乎自然的体系，并任其客观扩展；而儒家则以"皇天无亲，惟德是辅"①、"大德必得其位"②、"修其天爵而人爵从之"③之类的看法，赋予这一体系以道德意义，并表现出以仁义道德或道德律来涵容这一"自然"体系的倾向。这里，如果将"道"视作客观的自然过程，而将"德"更多地理解为人心向善的主观努力，那么，法家法治以及现代政治与儒家法治或"仁政"之间正可说存在着"道"与"德"的区分。就道德律而言，"道"与"德"实难分开，而仅就自然律而言，在以"人"为自然生物乃至"机器"的近代潮流中，关于"德"的客观作用的认识很明显淡化乃至被切断了。

---

① 《尚书·蔡仲之命》、《左传·僖公五年》。
② 《礼记·中庸》。
③ 《孟子·告子上》。

相对来说，中国文化传统高度重视人的仁德，但对客观的"道"也并非熟视无睹。古人以"阴""阳"、"春""秋"来比照"德""刑"，在一定程度上显示出传统道德政治中的自然或客观要素。而法家以及现代政治对客观自然之"道"的因循，弱化甚至排除了仁德在社会治理中的作用空间。就此而论，关于法家"源于道德之意"①、"有见于国，无见于人；有见于群，无见于孑"②的判断，可谓深切之见。经历了"启蒙"之后的理性人文路向，以人权和公民权利弥补了法家"无见于人"、无见于个体的不足，但在对客观之"道"或自然过程的推崇上，仍与法家的法治道路表现出高度一致。无论是围绕个人权利而展开的现代法治，还是围绕社会秩序和国家富强而建立的法家法治，都具有明显的自然政治特征。这样一种沿着自然之"道"向前发展的路向，虽然可能蒙蔽人的仁德，但相对传统社会中宗教和道德的形式化、外在化、强制化实践来说，它在现代对于仁德的自由开展仍具有别样的历史意义。

从近代以来自然政治的崛兴看，人们社会交往的相互性

---

① 《史记·老子韩非列传》。也有学者认为法家渊源于儒家。例如，钱穆指出，"人尽谓法家源于道德，顾不知实渊源于儒者。其守法奉公，即孔子正名复礼之精神，随时势而一转移耳。"见钱穆：《先秦诸子繁年》，载《钱宾四先生全集》，第 5 卷，第 264 页，台北：台北联经出版事业公司，1998 年。还可参见孙开泰：《法家史话》，第 17—28、54 等页，北京：社会科学文献出版社，2011 年。不过，就学理，特别是就人际冷漠这一点而言，法家与道家更趋一致，而与儒家则存在难以消除的理论分歧。

② 章太炎：《国故论衡·原道》。

和公共性、基于人的生理本性而展开的经济和社会体制以及政治权力运行的客观规律,更适合用来作为构建民主法治的着力点。在中国文化语境下,立足人性恶或"原罪"观念来建立法治将始终面临道德质问和文化隔阂。而完全从道德观念出发、抛开外在社会体制而在"大社会"构设法治也是不现实的,历史事实上并不是如此发生的,正所谓"德不可独任以治国"①。通常,法律史学者将法律的现代发展视为一个摆脱宗教和道德束缚的历史过程,随着这一历史进程的加深,法律以及相关的法律知识体系在现代社会越来越成为与经济、政治、社会和文化体制相互联系的并立体系。对此,有学者指出,"在现代条件下,作为话语的法律应该只标出那些对'对'与'错'从技术上作了明确界定的领域。我们只应期待法律从其自身的标准得出是或不是的结论——决定一件事情要么合法,要么不合法。就此而论,努力从道德体验中找寻当前规则的基础是天真的。法律成了一个自我参照的交流系统:一种应对社会复杂性并为之提供便利的必不可少的特定工具。"②还有法社会学者从行为预期和规范的角度,将法律视为社会系统的一种内生的、必不可少的机制和结构,③并由此认为,在现代社会,"法律改变了它的特性。

---

① 《论衡·非韩篇》。

② Roger Cotterrell, *Law's Community*, New York: Oxford University Press, 1995, pp. 289－290.

③ Niklas Luhmann, *A Sociological Theory of Law*, London: Routledge & Kegan Paul, 1985, pp. 77, 82, 105.

我们对法律的界定可以不再从本体论上，而是从功能上去构思……法律不再只是那些应该成就的东西。这是自然法的失败之处。……作为伦理原则的'正义'现在被放在了法律之外。"①从这些关于法律的现代处境的描述，不难看出一种脱离宗教和道德而客观发展的现代世俗法律体制乃至现代经济、政治、社会和知识体制。由意志自由或道德留给个人自由决定这一点看，在形式法律、自由政治以及经济、社会和学术体制的此种现代发展过程中，人的仁"德"与自然之"道"明显发生了分化。尽管如此，只要将科学认知与德性认知的人为对立扭转过来，疏通德性认知途径，并由此达致对道德本性的自觉，自然之"道"与人的仁"德"在现代的重新结合或圆融无碍仍是存在现实可能的。

质言之，道德可能也需要融入基于人的自然本性而客观延展的现代政治、经济、法律和社会体制。而且，这样一种现代融合，比之于传统的"由仁入礼"的道德强制路径，更有利于突显道德的主体性和能动性。② 甚至可以说，沿着人的自然本性，围绕个人权利和社会秩序，着眼于现代经济、社会和权力体制及其运行规律，造就民主法治国家，构成为在现代重启德性之门的客观、历史和理性条件。

---

① Niklas Luhmann, *A Sociological Theory of Law*, London: Routledge & Kegan Paul, 1985, p. 174.

② 宋明理学，特别是其中旨在"发明本心"、"致良知"的心学，在很大程度上表现出使"仁"、"德"从形式化、外在化乃至强制化的伦理道路中重新挺立的道德努力。

3. 自然权利与仁义道德

基于道德的立场审视，"作为武功的法治"和"作为宪政的法治"，都主要表现为循着经济和社会体制展开的自然政治，而对人的道德本性或置之不顾或有所淡化。相比受制于一套天人体系和道德观念的道德政治而言，此种自然政治虽具有外在而客观的特点，与人的意志却也密不可分，明显受到人的理智和自由意志的主导。一个立足于人的生理本性而拓展出的，完全由人自主判断、自主建构、自主支配的知识和社会领域，构成了自然政治的认知前提和物质基础。在这一点上，即使带有宗教背景的洛克的自然权利理论也表现得尤为充分。按照洛克的看法，自然法本质上是上帝对其创造物的自然权利，而在自然法所限定的范围内，人如同上帝一样具有创造能力，并对其创造物了如指掌、享有支配的自然权利。① 由此，不难看到一个完全受人的理性掌控的世界，在其中，依凭经验、情感和理性，人可自主立法、自由创造乃至人为虚构。"启蒙"之后的现代进程，在很大程度上可被认为是这一受人的理性掌控的世界的成长和膨胀过程。此种理性的人文世界，为实证主义、功利主义、理性主义、情感

---

① 参见夏皮罗：《政治的道德基础》，第13—15、18—21、143、174页，姚建华、宋国友译，上海：上海三联书店，2006年。

主义开辟了知识道路，也在很大程度上隔断了德性认知途径，生理因素从而成为政治、法律乃至道德、宗教的基础。①从基点看，与内生于这一现代人文世界的权利政治或理性政治相比，中国传统的道德政治明显着有着特殊之处。这至少有三个表现，一是对人的道德善性的认可和张扬，二是基于德性认知的超验道德追求，三是在政治和社会治理中重视发挥道德的积极功效。这三点，在《孟子》中皆有体现。例如，孟子认为，"人之所以异于禽兽者几希"②；"人之所不学而能者，其良能也；所不虑而知者，其良知也"③；"辅世长民莫如德"④。这样一些判断，无不与人作为道德主体的特殊性和超越性相联系。此类道德意识、态度、认知和判断，强化了中国传统治理的道德人文向度。

对于基于人的生理本性而形成的近乎自然的赏罚机制，儒家并非全然无知，但儒家不是像法家那样，采取完全因循这一自然机制的治理思路。贾谊说，"夫礼者，禁于将然之前，而法者，禁于已然之后，是故法之所用易见，而礼之所为生难知也。若夫庆赏以劝善，刑罚以惩恶，先王执此之政，坚如金石，行此之令，信如四时，据此之公，无私如天地耳，岂顾不用哉？然而曰礼云礼云者，贵绝恶于未萌，而起教于微眇，

---

① 参见夏皮罗：《政治的道德基础》，第26页，姚建华、宋国友译，上海：上海三联书店，2006年。

② 《孟子·离娄下》。

③ 《孟子·尽心上》。

④ 《孟子·公孙丑下》。

使民日迁善远罪而不自知也。"①这一段话，清楚地表明了儒家在相对客观的非人格化治理机制之外生发扩展人的德性的姿态和努力，也显露出一种兼容客观之"法"与主观之"德"的复合治理结构，②以及由此对纯粹法律治理或一任于法的文化排斥。这是儒家的高明之处。在儒家观念中，刑罚体系与具有实效的道德律看上去有着渊源关系，"法"因此被认为是"天讨"、"天罚"，而仁德之所以重要，正在于人通过自己的道德努力可避开这一刑罚体系，或者说，对一个"怀德"、"怀刑"③的"君子"而言，那套与道德律相通的刑罚体系事实上是用不着的。由于人作为道德主体的特殊道德本性，自然的赏罚机制在中国文化传统中受到道德作用空间的抑制，呈现出一定的有限性。在不抛开国家实在法体系的同时，中国文化传统其实更为注重被认为具有实效的道德律或善恶"法"则的深层而无形的作用。这看上去是法家法治所

---

① 《汉书·贾谊传》。《史记·太史公自序》："礼禁未然之前，法施已然之后；法之所为用者易见，而礼之所为禁者难知。"
② 明代的薛瑄提到："修德行义之外，当一听于天"；"天之道，公而已。圣人法天为治，一出于天道之公，此王道之所以为大也"；"法者，天讨也。以公守之，以仁行之"；"或重或轻，一付之无心（注：'无心'在陈宏谋编选的《从政遗规》中为'于天'二字）可也。或治奸顽，而务为宽纵，暴其小慈，欲使人感己之惠，其慢天讨也甚矣。"见薛瑄：《薛文清公读书录》卷之六"安命"、卷之七"王霸"、卷之八"从政"，同治正谊书局本。从这些语录，可明显看到中国文化传统的"德"、"法"复合结构。一方面，"修德行义"的人可避免受到"天讨"；另一方面，对于受到"天讨"的人，在"以仁行之"、"如得其情，则哀矜而勿喜"（《论语·子张》）的同时，亦得"以公守之"，一如孟子所言，"以生道杀民，虽死不怨杀者"（《孟子·尽心上》）。
③ 《论语·里仁》："君子怀德，小人怀土；君子怀刑，小人怀惠"。

不能包容的另一意义上的"法"治,中间蕴涵着与古代自然法相近的内容。至于法家的纯粹法律之治,有欧洲学者这样指出其在中国文化背景下的处境:"中国哲学基本上始终为一有机哲学"①;"自数学、几何学、度量衡学观之,始察知法家思想在基本哲理上之缺点。彼等因力图统一制度,并将人类个人之间之复杂关系化为几何式之简单公式,遂使彼等自身成为机械的唯物主义之代表,而招致一致命伤,即未能计及宇宙间组织之层次是也。……'百度皆准于法'……'中程者,赏之;毁公者,诛之'……此等理论虽数见不鲜,自由于比拟不伦而成,盖以为人类行为与情感,亦可如盐一篓、布一匹之以量计算耳。……良以低层次之现象,其确定性与可预测性,不能于高层次之'自由意志'的领域中觅得。因之梁氏乃将法家列为机械主义,而儒家则对人类与社会之真正生机体性质,直觉上亦计算在内"②;"法家欲制定一种法律,不顾人民之是非观念,使其法之推行一如自动机械。此种办法,在中国文化环境中必然失败。"③

在现代条件下,如果说,现代理性人文主义以对人权和公民权利的保护,为现代经济、社会、政治和法律体制设置了

---

① 　李约瑟:《中国古代科学思想史》,第 254 页,陈立夫等译,南昌:江西人民出版社,1999 年。
② 　同上,第 253—254 页。
③ 　同上,第 257 页。李约瑟还指出,"法家之道,惟与儒家同属人类社会之道,所不同者,乃法家之道非一普通伦理原则,而系人类社会中一个侵略的专制单位之动力,以宰制天下为目的。孔子之人治主义,则系反对此种严峻的法治主义。"见该著,第 254 页。

理性导向和人文维度，那么，结合近代以来的历史看，不仅现代体制中的权利主体、政治主体、经济主体、法律主体仍需同时成为道德主体，而且，这样一套现代体制本身也有必要受到道德价值的调整。源于"启蒙"的现代发展进程，被认为实际包含着两个知识运动，一个坚持"科学至上"，一个"以个人权利为中心"。① 有学者指出，"作为一场哲学运动，启蒙运动旨在通过科学的原则，使得我们的社会生活变得理性化。在启蒙运动中，关于个人权利的政治学说描述了人类自由的理想状态，为人们严肃认真地考虑人类自由（的理想）提供了一个强大的规范性的原动力。"②依循"科学"和"权利"延展的现代实践，虽然通过将"理性"原则置于自然政治之上而使其成为具有人文向度的权利政治和民主宪政，由此为人在现代社会中自由而富足地生活创造了历史可能，但在此过程中的道德责任衰败、行为缺乏内在道德价值以及某些"道德冷漠"、"道德盲视"现象也备受瞩目。一些围绕世界大战、种族灭绝等而展开的关于"现代性"的理论反思，指出了道德价值从现代官僚体制、实证法体制、生产体制和技术体制中脱落的现实状况，以及理性与暴力乃至残忍在现代社

---

① 夏皮罗：《政治的道德基础》，第8—22页，姚建华、宋国友译，上海：上海三联书店，2006年。

② 同上，第4页。该著还指出，"对于知识的理性追求被认为是由科学作为媒介并通过科学而达到的；而人类进步则是以体现和保障人类自由的个人权利作为评判标准的"，见该著，第9页。

会的相容性。①

有学者提到，"文明化进程是一个把使用和部署暴力从道德计算中剥离出去的过程，也是一个把理性的迫切要求从道德规范或者道德自抑的干扰中解放出来的过程。提升理性以排除所有其他的行为标准，特别是使暴力的运用屈从于理性计算的趋势，早已被认定是现代文明的一个基本因素……使道德保持缄默是理性化趋势主要的关怀"。② 这一点在集中营、大屠杀等现代事件上有极端显现。按照科学和认知理性逻辑，为生物学和进化论所支持的人种改良或优化，恰可为种族屠杀提供理据；而在实证法律体系下，形式上的法律执行或服从命令，亦使种族屠杀的具体执行者得以避开道德盘问和省思。同样的逻辑也存在于国内和国际的政治功利权衡和市场经济角逐之中。这样一种现代发展态势，客观上需要得到适当的道德制约、校正和补济。事实上，第二次世界大战之后，道德价值在西方政治和法律领域的出场几乎成为历史必然。这集中表现在自然法的一度复兴上。法院宣布极度不合理的纳粹立法和命令失效以及对恶法执

①　有学者指出，"正是现代文明化的理性世界让大屠杀变得可以想象"；"大屠杀在技术和管理上的成功要部分地归功于娴熟地运用了现代官僚体系和现代技术所提供的'道德催眠药'。其中最显著的两种情况是，在一个复杂的互动系统中自然而然地看不见因果关系，以及将行为的有碍观瞻或者道德上丑陋的结果'放远'到行动者看不到的那一点。"见鲍曼：《现代性与大屠杀》，第18、36页，杨渝东、史建华译，南京：译林出版社，2002年。

②　同上，第38—39页。

行者的惩罚，是通过起用实在法体系之外的自然法原则来实现的，这也为执法者拒绝执行恶法留出了道德判断的空间。在一定程度上，与近代自然权利观念相比，《世界人权宣言》两次写入"良心"，也表现出将人权与自然法、人的道德责任衔接起来的努力。原本凌驾于实在法之上的自然法，在古典自然法理论中其实是屈从自然权利的，而鉴于世界大战以及现代某些史无前例的践踏人权事件，自20世纪中叶以来，重新融合自然权利与自然法或自然正当的道德企图亦有所彰显。如果将人的仁义道德与自然权利，视为古今之"道"以及现代条件下"内圣"与"新外王"的基点，那么，在理性化进程中涵容古今，重构道德主体，培育道德价值，由此构建"作为道德责任的人权"，融通自然权利与仁义道德，可谓21世纪需要开拓提升的一个重要发展路向。

无论是从历史上的"义"与"利"、"天理"与"人欲"之间的关系看，还是从现代"启蒙"运动基于经验、理性和情感而对超越或超验维度的隔断或挤压看，自然权利与仁义道德在现代的协调都存在一定困难。特别是，在物理认知的主导下，由于德性认知"不萌于见闻"、"不假闻见"，"内圣"在现代理性化进程中很容易遭受舍弃。尽管经验、理性、情感乃至功利也能带来一些道德效果，但它们终究受限于一个立足人的生理本性、受人的理性支配的平面世界，在此世界中，德性认知蒙蔽于经验、理性、情感乃至功利之下，人的道德善性、超越性以及相应的道德律因而难有广阔的生发和作用空间。在认知理性盛行的现代潮流下，立足"内圣"开"外王"、以仁义道德抑制自然权利的传统道路亦难再畅通无碍。尽管如此，就中国文化理路而言，实现自然权利与仁义道德的历史衔接，达致"内圣"与"外王"新的统合，不仅成为一种历史需要，而且仍存在现实可能。鉴于道德责任在现代的一定衰败以及"由仁入礼"在古代所致的某些道德缺失，在现代语境下协调融合仁义道德与自然权利，需要重新摆正"内圣"与"外王"的分合关系。这既不是舍弃"内圣"，也不是像传统道路那样完全从仁义道德而不从自然权利出发来开"外王"。融通"内圣"与"新外王"，关键在于，在物理认知、经验认知或科学认知之外存容、开通德性认知渠道，由此为人的道德本性和道德律产生社会功效造就作用空间。

德性之知与闻见之知、道德理性与认知理性、仁义道德与自然权利，在现代适合作为共立并行的系统对待，不应以物理认知堵塞替代德性认知，也不应以人的道德本性压制扼杀人的生理本性。由于德性认知的开通，这两个看上去分立的系统亦得以发生联系并最终统合起来。中国古人所讲的"果无功利之心，虽钱谷兵甲，搬柴运水，何往而非实学？何事而非天理？"[1]"果能于此处调停得心体无累，虽终日做买卖，不害其为圣为贤。何妨于学？学何二于治生？"[2]最足以

---

① 王守仁：《与陆原静》（丙子），载《王阳明全集》，第 166 页，上海：上海古籍出版社，1992 年。

② 王守仁：《传习录拾遗》第 14 条，载同上，第 1171 页。

用来说明功利系统与道德系统、自然权利与仁义道德的圆融不二。以高尚美德而论,务农、经商、从政等世俗事业,皆可怀抱济世之心而为。以基本义务而论,德性认知的开张亦得为功利行为设置必要的道德限制。"明于庶物,察于人伦,由仁义行,非行仁义"①,体现出世俗生活与道德心态的分立统合。"有德司契"、"执左契,不责于人"②,则体现出内在道德系统与外在法律或规范系统的分立统合。中国文化传统中的这些智慧都适于在现代继续生发传承。从中国文化的这种世俗与道德的融合视角审视,基于人的生理本性而展开的自然权利体系,亦可能被容纳统合于仁义道德体系。人权,从主体自身眼光看是以死相争的"自然权利",而从主体之外的其他人的眼光看,则是需要尊重和保护的人之基本要素,而此种对人权的尊重和保护正可谓人之德性、道德责任的外在彰显。就此而言,人权理论在中国文化语境下更适合沿着"民胞物与"、"万物一体"的理路展开,由此使"作为自然权利的人权"得以转变为"作为道德责任的人权"。按照中国文化传统中的"天地万物为一体"观念,此种道德责任并非源于权利与义务或权利与权利之间的交换或相互性,而是源于他人与自己的道德一体性、相关性或共通性,因此,权利主体的人权才可能成为权利主体之外的人发自内心的道

---

① 《孟子·离娄下》。
② 《道德经》。

德责任。自然权利与仁义道德的这样一种现代融通，终将使现代权利政治和法治获得必要的道德维度和限度。

4. 构建道德的民主法治

从历史看，作为一种现代文明，民主法治或"作为宪政的法治"构成了现代中国在政治层面需要着力达到的主要目标。尽管不能说中国文化中完全缺乏民主的精神要素，但民主作为一种政制在中国传统社会是长期缺乏的。从贵族封建政制，到君主郡县政制，进而在近二百年间实现向民主宪政的政制转型，可谓中国政治发展的一条历史线索。循此观察，在中国传统社会，作为现代政治构成要素的民权宪法、民主政治以及独立司法都未能得到充分发展。虽然君主事实上受到一定程度的道德和制度约束，但古中国并未出现专门用于控制皇权的"宪章"，不存在自下而上旨在制约皇权、保障民权的专门宪法和法律机制。皇权尽管时刻面临来自道德的训诫和警醒，但并不产生于普通民众的推选和商议，而是长期获得"受命于天"观念的维护，因此，一种建立在人的意志基础上、以民众意愿为转移、可以人为设计和控制的政治，不曾得到生发。在古代，国家自上而下有发达的行政管理，但自下而上缺乏围绕政权而展开的常规政治活动和法律诉求机制。民众的政治活动因此多极端地表现为不诉诸法律或国家常规机制的暴力革命或起义，特别是在政权更迭时期。传统社会的司法，无论是在机构还是在职能上，都未从行政体系中完全独立出来。司法机构因此更主要地作为行政机构的一部分而起作用，未能发展成为用以将国家与公民整合为一体的法律机构以及用以审查制约政治权力、保障人权和公民权利的政治机构。独立司法以及民主宪政，在传统治理方式下看上去并不是必需的，只是在"一离一合，一治一乱"①的王朝翻覆运动中才显出其历史意义。

治乱相循、兴亡相仍的历史现象，很大程度上映衬出传统治理在政治维度上的不足以及由此向民主法治方向拓展提升的历史必要。从政权角度看，"天下为公"的道德理想与"天下为家"、"天下为私"的政治现实之间的持久矛盾，为近代中国实现向民主法治的转变造就了历史动力。如果说，在传统治理下，围绕政权而展开的政治活动在体制上受到抑制，而不得不只以革命起义的方式时不时地大规模爆发，那么，使社会中因为各种利益和价值分歧而产生的政治冲突，通过一定的法律渠道或制度形式得到合理疏通，从而不至于发生国家和法律损毁于反复的政治动荡或者政治势力长期逾越凌驾于国家或法律之上的政治局面，则是民主法治所要获致的政治功效。结合20世纪"大民主"实践所致的深重灾难而言，使政治活动在国家和宪法体制下依循权利形式和法律轨道合理展开，实现政治与国家或民主与法治的良性互

①　王夫之：《读通鉴论》卷十九。

动,避免上层之间以及上层与底层之间的政治斗争带给整个国家和民族以大的动乱,仍是现代中国构建政制层面的民主法治的一个关键。以政治与法律的关系审视,使各种政治势力在国家体制下严格依循宪法和法律框架开展政治活动,同时,通过民主选举、言论、集会、游行、示威乃至社会运动等政治活动形式,形成对国家和法律的政治制约,推动权利和民主导向的法律变革和国家发展,这是将公民的自由权利体系融入国家和法律体系、构建民主法治国家、成就宪政秩序的基本途径。①

在中国文化语境下,现代中国从政治层面完成构建"作为宪政的法治"的历史任务,仍需要达致与传统仁义道德的融通,进而使中国最终迈向一种"道德的民主法治"。此种道德向度的现代延展,主要不在于对民族历史上所形成的独特文化的刻意固守,而在于使现代政治获得普遍法理的支撑,因此不仅在外在方面具有权利正当性和法律正当性,同时也在内在方面具有道德正当性。通过"外张权利,内固道德","道德的民主法治"才足以实现"内圣"与"外王"的新统合,由此奠定深厚的人文底蕴并展现充沛的人文力度。如果说,通过民主选举、人权保障和独立司法,民主法治从世俗利益层面获得足够数量的民意支持,并使政治活动在国家体

---

① 参见胡水君:《法律与社会权力》,导论、第242—245 页,北京:中国政法大学出版社,2011 年。

制和法律框架下有序展开,保证政权的民主建立和平稳交接,那么,达成这一现代政治与道德系统的融合,则有助于从根本道理和价值源头上提升其人文品质,从而使民主法治不仅仅流于"势"的现实层面,也与"道"、"理"、"德"相贯通,最终实现人的意志与自然正当或"天理"的合一。"人文",并不只是意味着隔断"天人"而将生存和关注领域限定于人的经验、理性、情感和意志,它还必须内在地包含诸如"人是目的"、"民胞物与"、"万物一体"这样的价值和道德要求。在中国文化传统中,人文精神的要义正在于通过人的道德主体性实现对道的觉悟,达致天人合一乃至对天人的超越。

就此而言,法家法治虽然在"一民使众"、"富国强兵"①上确有实效,但其强烈的"非仁义"②倾向以及基于趋利避害本性来调动并利用民众的积极性的实际做法,则明显反映出其价值维度和人文力度的不足。所以,长期以来,法家政治一直遭受诸如"无教化,去仁爱"③,"牛羊之用人"④,"有无德之患"⑤,"可以行一时之计而不可长用"⑥之类的批评。徐复观在评价法家政治时也指出,"法家政治,是以臣民为人君的工具,以富强为人君的唯一目标,而以刑罚为达到上述

①　《论衡·非韩》。
②　《韩非子·八说》。
③　《汉书·艺文志》。
④　《法言·问道》。
⑤　《论衡·非韩》。
⑥　《史记·太史公自序》。

两点的唯一手段的政治。这是经过长期精密构造出来的古典的极权政治。任何极权政治的初期，都有很高的行政效率；但违反人道精神，不能作立国的长治久安之计。"①总体上，立足人的生理本性展开，只将政治关注集中于君权的维护和国家的富强，而置人的道德善性、"生活世界"和精神努力于不顾——法家法治的这些特征，虽然看上去与人文主义着眼于人和现世的特点存在一致，但在人文价值和道德根基上却显得黯淡无光。相比较而言，"作为宪政的法治"通过将政治权力与人的权利和自由糅合在一起，旨在使国家权力依循一定的程序法则而屈从于人的自由生活这一政治目标，由此从权利和法律方面为政治权力的存续谋得了更大的正当性，也提升了政治的理性价值和人文素养。② 尽管如此，从内圣与外王的关系看，沿着人的自然本性以及"自然权利"而展开的、作为"新外王"的民主法治，在很大程度上仍具有脱离仁义道德的特点，甚至与人的道德善性、德性认知、道德能力保持着较大的张力。就此来说，现代民主法治的人文侧重也是明显的，它更加偏向于理性人文主义而于道德人文主义有所弱化。

---

① 徐复观：《两汉思想史》，第 2 卷，第 31 页，上海：华东师范大学出版社，2001 年。

② "申韩之学，以刻核为宗旨，恃威相劫，实专制之尤。泰西之学，以保护治安为宗旨，人人有自由之便利，仍人人不得稍越法律之范围。二者相衡，判然各别。则以申韩议泰西，亦未究厥宗旨耳。"见沈家本：《寄簃文存·法学名著序》。

"道德的民主法治",旨在兼顾理性人文主义与道德人文主义、权利正当性与道德正当性,使外在权利政治与内在道德精神在现代条件下各自沿着人的生理本性和道德本性并行不悖,并最终通过人的德性之知实现道德系统对民主政治的涵容。在此现代建构中,生理本性与道德本性、自然权利与仁义道德、"闻见之知"与"德性之知"之间的极端对立是尤其需要避免的。换言之,如同"虽终日做买卖,不害其为圣为贤"话语所表明的那样,外在层面的民主法治、市场经济、公民社会与内在层面的仁义道德,须以圆融的态度而不是对立的观点看待,二者近乎"有形"与"无形"、"体"与"用"、"身"与"心"、"器"与"道"的关系。对诸如"做错事的权利"、"自由国家主义"之类的现代现象,"道德的民主法治"则基于德性之知和道德系统的开通对其表现出适当的道德张力,并通过作为道德主体的人的道德自觉,来提升行为的道德价值,乃至形成足够的道德制约或法律机制。一如有人文主义者所指出的,"一切事物最后必然诉诸的单位不是国家、人性或任何其他抽象物,而是有品格的人。"①尽管"道德的民主法治"最终并不仅仅停留于人的生理本性,但它也不排斥人的世俗功利,其所要达到的理想状态在于,无论是政治、法律和社会精英,还是普通民众,对于世俗功利事业最

---

① 白璧德:《民主与领袖》,第 218 页,张源、张沛译,北京:北京大学出版社,2011 年。

终皆得以秉持道德心而为，以他人的权利为自己的道德责任，以政治、经济和社会事功为完善个人道德的载体或"正德、利用、厚生"的形式。

就现实处境而言，中国构建"道德的民主法治"在道德和政治层面都还面临着一些需要跨越的障碍。在道德层面，尽管自20世纪90年代以来中国传统文化在持续平稳的社会环境中得到更大生发，但百年现代"新文化"与千年文化传统之间仍有待深入而合理的协调，而且，在商品化浪潮和理性化进程中，道德也继续遭受着巨大冲击，因此，从基点上会通仁义道德与自然权利，兼顾理性人文向度与道德人文向度，直至形成"作为道德责任的人权"，在理论和实践上都需要长期努力。在政治层面，法治的构建仍受制于形成门户稳固的现代国家或海洋国家这一近代历史任务，在此条件下，稳固国家秩序和实现国家富强的现实政治目标，容易对民主化进程构成挤压，由此使得法治可能停滞于乃至滑向更具行政效率的法家法治路径，阻塞法治的现代民主维度和道德人文维度的充分展开。鉴于所面临的这些现实的政治、经济和文化环境，中国法治的构建有必要理清并处理好政治、行政、道德和功利四个层面的关系，特别是在道德层面作融会贯通的传承，在政治层面作前所未有的拓展。

从道德与政治、天理与民意、"内圣"与"外王"相统合的角度看，中国法治既需要培植政治领袖和行政精英的人文素养和道德认知，也需要疏通和扩展德性之知在民众中的普遍生发渠道,发挥作为道德主体的人在民主法治实践中的积极作用。"法之大义,在求'人尽其才,官尽其职,事尽其理,物尽其用'……法治之美,有一言而可尽者,曰:'莫大乎使人之有才得以进,而不肖者亦得以退,而又使人之才不肖易以显',此最法之善者。"①此种见解,正指出了沿着中国文化传统展开的民主法治所应具备的"德"与"刑"、"贤"与"法"并生共济的复合治理结构。从自然权利与仁义道德相融合的角度看,德性之知在政治精英与社会民众的普遍延展,将为民主法治开通灌注道德人文精神的途径,传统的"仁政"或民本治理因此在民主政治下,仍通过作为道德主体的政治领袖和行政官员的道德责任形式得以存续,而民众在权利生活、政治生活、经济生活以及社会生活的行为亦因此呈现更加深厚的道德自觉,从而使法治获得良好的人文底垫和道德环境。历史地看,市场经济、民主政治和公民社会,主要建立在人的经验理性、自然权利和自由意志基础之上,而对于正在重新形成自己的道统、政统、法统和学统的现代中国来说,与其完全"转"到这样一个脱离道德理性和自然正当的现代轨道上,不如沿着中国文化理路,将道德系统与这样一套现代体制"合"起来,在现代政治、经济、社会和文化体制中疏通德性之知、圣贤人格和道德系统的生发和作用渠道,提

---

① 钱穆:《政学私言》,载《钱宾四先生全集》,第 40 卷,第 251、253 页,台北:台北联经出版事业公司,1998 年。

升现代体制的道德人文底蕴。这是中国在"古今中外"背景下重开"内圣外王"、实现文明重构的历史机遇。

总之，现代中国的法治道路适合吸收历史上"作为武功的法治"、"作为文德的法治"和"作为宪政的法治"三种法治形态的学理优长，形成兼具理性人文向度和道德人文向度的"道德的民主法治"。具体而言，在"外王"方面，立基人的自然本性，沿着公民权利保障和社会秩序维护两条线索，拓展中国法治的政治和行政层面，并将"作为武功的法治"置于权利取向和宪政体制之下，达成民主法治与民本仁政的衔接；在"内圣"方面，立基人的道德善性，融通自然权利与仁义道德，消解物理认知与道德认知的人为对立，提升人的德性之知和道德责任，并将"作为武功的法治"、"作为宪政的法治"涵容于道德系统，最终成就一种"民主政治下的民本治道"。这可谓现代语境中的"内圣外王"，也是契合中国文化传统的政治理想。

参 考 文 献

一、英文著作

Allan, T. R. S. 1993. *Law, Liberty and Justice: The Legal Foundations of British Constitutionalism*. Oxford: Clarendon Press.

Altman, Andrew 1996. *Arguing about Law: An Introduction to Legal Philosophy*. Belmont: Wadsworth Publishing Company.

Cotterrell, Roger 1995. *Law's Community*. New York: Oxford University Press.

Dicey, Albert Venn 1959. *Introduction to the Study of the Law of the Constitution*. London: Macmillan.

Dworkin, Ronald 1978. *Taking Rights Seriously*. Cambridge, MA: Harvard University Press.

Dworkin, Ronald 1985. *A Matter of Principle*. Cambridge, MA:

Harvard University Press.

Finnis, John 1980. *Natural Law and Natural Rights*. Oxford: Clarenden Press.

Flew, Antony and Stephen Priest (eds) 2002. *A Dictionary of Philosophy*. London: Pan Books.

Foucault, Michel 1984. *The Foucault Reader*. New York: Pantheon Books.

Foucault, Michel 2003. *The Essential Foucault: Selections from the Essential Works of Foucault, 1954—1984*. New York: New Press.

Galston, William A. 1983. On The Alleged Right to Do Wrong: A Response to Waldron, 93 *Ethics*: 320 - 324.

Hayden, Patrick (ed.) 2001. *The Philosophy of Human Rights*. St. Paul: Paragon House.

Hayek, Friederich A. von 1944. *The Road to Serfdom*. Chicago: University of Chicago Press.

Hayek, Friederich A. von 1960. *The Constitution of Liberty*. Chicago: University of Chicago Press.

Ivison, Duncan 2008. *Rights*. Montreal & Kingston: McGill-Queen's University Press.

Luhmann, Niklas 1995. *Social Systems*. Stanford: Stanford University Press.

Maritain, Jacques 2001. *Natural Law: Reflections on Theory and*

Practice. South Bend：St. Augustine's Press.

Marshall，Gordon（ed.）1998. *A Dictionary of Sociology*. Oxford：Oxford University Press.

Raz，Joseph 2009. *The Authority of Law*. Oxford：Oxford University Press.

Sampford，Charles 2006. *Retrospectivity and the Rule of Law*. New York：Oxford University Press.

Shapiro，Ian（ed.）1994. *The Rule of Law*. New York：New York University Press.

Tamanaha，Brian Z. 2004. *On The Rule of Law: History，Politics，Theory*. Cambridge：Cambridge University Press.

Waldron，Jeremy 1981. A Right to Do Wrong，92 *Ethics*：21－39.

Waldron，Jeremy（ed.）1984. *Theories of Rights*. New York：Oxford University Press.

Walker，Geoffrey de Q 1988. *The Rule of Law: Foundation of Constitutional Democracy*. Melbourne：Melbourne University Press.

Zifcak，Spencer（ed.）2005. *Globalization and the Rule of Law*. New York：Routledge.

二、中文译著

阿巴拉斯特：《西方自由主义的兴衰》，曹海军等译，长春：

吉林人民出版社,2004年。

昂格尔：《现代社会中的法律》,吴玉章、周汉华译,北京：中国政法大学出版社,1994年。

巴克：《希腊政治理论：柏拉图及其前人》,卢华萍译,长春：吉林人民出版社,2003年。

白璧德：《民主与领袖》,张源、张沛译,北京：北京大学出版社,2011年。

柏拉图：《理想国》,郭斌和、张竹明译,北京：商务印书馆,1986年。

柏拉图：《法律篇》,张智仁、何勤华译,上海：上海人民出版社,2001年。

鲍曼：《现代性与大屠杀》,杨渝东、史建华译,南京：译林出版社,2002年。

北京大学哲学系外国哲学史教研室编译：《西方哲学原著选读》,北京：商务印书馆,1981年。

布克哈特：《意大利文艺复兴时期的文化》,何新译,北京：商务印书馆,1979年。

布洛克：《西方人文主义传统》,董乐山译,北京：三联书店,1997年。

富勒：《法律的道德性》,郑戈译,北京：商务印书馆,2005年。

汉密尔顿、杰伊、麦迪逊：《联邦党人文集》,程逢如、在汉、舒逊译,北京：商务印书馆,1980年。

霍布豪斯：《自由主义》，朱曾汶译，北京：商务印书馆，1996 年。

霍布斯：《利维坦》，黎思复、黎廷弼译，北京：商务印书馆，1985 年。

霍克海默、阿道尔诺：《启蒙辩证法：哲学断片》，渠敬东、曹卫东译，上海：上海人民出版社，2006 年。

加林：《意大利人文主义》，李玉成译，北京：三联书店，1998 年。

卡洛尔：《西方文化的衰落：人文主义复探》，叶安宁译，北京：新星出版社，2007 年。

康德：《历史理性批判文集》，何兆武译，北京：商务印书馆，1990 年。

李约瑟：《中国古代科学思想史》，陈立夫等译，南昌：江西人民出版社，1999 年。

利波维茨基：《责任的落寞——新民主时期的无痛伦理观》，倪复生、方仁杰译，北京：中国人民大学出版社，2007 年。

罗尔斯：《正义论》，何怀宏等译，北京：中国社会科学出版社，1988 年。

洛克：《政府论》，叶启芳、瞿菊农译，北京：商务印书馆，1964 年。

马尔库塞：《单向度的人》，张峰译，重庆：重庆出版社，1988 年。

马基雅维里：《君主论》，潘汉典译，北京：商务印书馆，

1985 年。

梅特里：《人是机器》，顾寿观译，北京：商务印书馆，
　　1959 年。

梅因：《古代法》，沈景一译，北京：商务印书馆，1959 年。

孟德斯鸠：《论法的精神》，张雁深译，北京：商务印书馆，
　　1961 年。

密尔：《论自由》，程崇华译，北京：商务印书馆，1959 年。

苗力田主编：《古希腊哲学》，北京：中国人民大学出版社，
　　1989 年。

萨拜因：《政治学说史》，盛葵阳、崔妙因译，北京：商务印书
　　馆，1986 年。

施特劳斯：《霍布斯的政治哲学：基础与起源》，申彤译，南
　　京：译林出版社，2001 年。

施特劳斯：《自然权利与历史》，彭刚译，北京：三联书店，
　　2003 年。

斯宾诺莎：《神学政治论》，温锡增译，北京：商务印书馆，
　　1963 年。

斯密：《国民财富的性质和原因的研究》，郭大力、王亚南译，
　　北京：商务印书馆，1974 年。

斯托纳：《普通法与自由主义理论》，姚中秋译，北京：北京
　　大学出版社，2005 年。

托克维尔：《论美国的民主》，董果良译，北京：商务印书馆，
　　1988 年。

夏皮罗：《政治的道德基础》，姚建华、宋国友译，上海：上海
　　三联书店，2006 年。

亚里士多德：《政治学》，吴寿彭译，北京：商务印书馆，
　　1965 年。

三、中文著作

《百子全书》，长沙：岳麓书社，1993 年。

班固：《汉书》，北京：中华书局，1962 年。

蔡元培：《中国伦理学史》，上海：商务印书馆，1937 年。

陈淳：《北溪字义》，北京：中华书局，1983 年。

陈鼓应：《黄帝四经今注今译》，北京：商务印书馆，
　　2007 年。

陈宏谋：《五种遗规》，北京：中国华侨出版社，2012 年。

陈启天：《中国法家概论》，上海：中华书局，1936 年。

陈子昂：《陈子昂集》，北京：中华书局，1960 年。

程颢、程颐：《二程集》，北京：中华书局，1981 年。

《二十二子》，上海：上海古籍出版社，1986 年。

范晔：《后汉书》，北京：中华书局，1965 年。

高全喜：《何种政治？ 谁之现代性？》，北京：新星出版社，
　　2007 年。

顾炎武著、黄汝成集释：《日知录集释》，上海：上海古籍出
　　版社，2006 年。

韩愈：《韩昌黎全集》，北京：中国书店，1991 年。

贺麟：《文化与人生》，北京：商务印书馆，1988 年。

胡水君：《法律的政治分析》，北京：北京大学出版社，
　2005 年。

胡水君：《自由主义法律哲学：一个研究和批评》，《法哲学
　与法社会学论丛》2006 年第 2 期。

胡水君主编：《法理学的新发展：探寻中国的政道法理》，北
　京：中国社会科学出版社，2009 年。

胡水君：《法律与社会权力》，北京：中国政法大学出版社，
　2011 年。

蒋庆：《政治儒学：当代儒学的转向、特质与发展》，北京：三
　联书店，2003 年。

康有为：《康有为政论集》，北京：中华书局，1981 年。

梁启超：《饮冰室合集》，上海：中华书局，1936 年。

刘岱总主编：《中国文化新论·思想篇·理想与现实》，台
　北：台北联经出版事业公司，1983 年。

刘师培：《刘师培学术论著》，杭州：浙江人民出版社，
　1998 年

刘昫等：《旧唐书》，北京：中华书局，1975 年。

陆九渊：《陆九渊集》，北京：中华书局，1980 年。

牟宗三：《牟宗三先生全集》，第 10、29 卷，台北：台北联经出
　版事业公司，2003 年。

牟宗三：《生命的学问》，桂林：广西师范大学出版社，
　2005 年。

欧阳询等：《艺文类聚》，上海：上海古籍出版社，1965 年。

潘维主编：《中国模式：解读人民共和国的 60 年》，北京：中央编译出版社，2009 年。

钱穆：《钱宾四先生全集》，第 5、31、39、40 卷，台北：台北联经出版事业公司，1998 年。

邵雍：《邵雍集》，北京：中华书局，2010 年。

沈家本：《历代刑法考》，北京：中华书局，1985 年。

《十三经注疏》，北京：中华书局，1980 年。

司马光：《稽古录》，四部丛刊史部。

司马光：《司马温公文集》，上海：商务印书馆，1936 年。

司马光：《资治通鉴》，北京：中华书局，1956 年。

司马迁：《史记》，北京：中华书局，1959 年。

宋濂等：《元史》，北京：中华书局，1976 年。

孙开泰：《法家史话》，北京：社会科学文献出版社，2011 年。

脱脱等撰：《宋史》，北京：中华书局，1977 年。

唐君毅：《中国人文精神之发展》，桂林：广西师范大学出版社，2005 年。

王夫之：《读通鉴论》，北京：中华书局，1975 年。

王守仁：《王阳明全集》，上海：上海古籍出版社，1992 年。

王韬：《弢园文录外编》，沈阳：辽宁人民出版社，1994 年。

魏征等：《群书治要》，厦门：鹭江出版社，2004 年。

魏征等：《隋书》，北京：中华书局，1973 年。

吴博民编：《中国人文思想概观》，上海：长城书局，1934 年。

夏勇、李林、弗莱纳主编：《法治与21世纪》，北京：社会科学
　　文献出版社，2004年。

谢无量：《古代政治思想研究》，上海：商务印书馆，1923年。

徐复观：《两汉思想史》，上海：华东师范大学出版社，
　　2001年。

徐复观：《中国思想史论集》，上海：上海书店出版社，
　　2004年。

薛瑄：《薛文清公读书录》，同治正谊书局本。

严可均辑：《全三国文》，北京：商务印书馆，1999年。

杨鸿烈：《中国法律思想史》，上海：商务印书馆，1936年。

张君劢：《中西印哲学文集》，台北：台湾学生书局，1981年。

张廷玉等：《明史》，北京：中华书局，1974年。

章太炎：《章太炎全集》，上海：上海人民出版社，1982年。

张载：《张载集》，北京：中华书局，1978年。

长孙无忌等：《唐律疏议》，北京：中华书局，1983年。

真德秀：《大学衍义》，上海：华东师范大学出版社，2010年。

郑观应：《郑观应集》，上海：上海人民出版社，1982年。

周德伟：《自由哲学与中国圣学》，北京：中国社会科学出版
　　社，2004年。

周敦颐：《周敦颐集》，北京：中华书局，1990年。

朱熹：《四书章句集注》，北京：中华书局，1983年。

主 题 索 引

图书在版编目（CIP）数据

内圣外王：法治的人文道路/胡水君著.
—上海：华东师范大学出版社，2013.9
ISBN 978－7－5675－0937－5

Ⅰ.①内… Ⅱ.①胡… Ⅲ.①社会主义法制—研究—中国
Ⅳ.①D920.0

中国版本图书馆 CIP 数据核字（2013）第 142771 号

华东师范大学出版社六点分社

企划人　倪为国

六点评论

内圣外王：法治的人文道路

著　　者　胡水君
责任编辑　倪为国　彭文曼
封面设计　吴正亚

出版发行　华东师范大学出版社
社　　址　上海市中山北路 3663 号　邮编 200062
网　　址　www.ecnupress.com.cn
电　　话　021－60821666　行政传真 021－62572105
客服电话　021－62865537　门市（邮购）电话 021－62869887
地　　址　上海市中山北路 3663 号华东师范大学校内先锋路口
网　　店　http://hdsdcbs.tmall.com

印　刷　者　上海印刷（集团）有限公司
开　　本　889×1194　1/32
印　　张　4.75
字　　数　80 千字
版　　次　2013 年 9 月第 1 版
印　　次　2013 年 9 月第 1 次
书　　号　ISBN 978－7－5675－0937－5/D·171
定　　价　28.00 元

出版人　朱杰人